Auf der Suche
nach Tier und Natur

Hier kann ich so richtig toben

Sehen und Erleben

Essen und Trinken

SÜDWEST PRESSE

Ulm/Neu-Ulm

von Kindern → für Kinder

Oertel+Spörer

Inhalt

Inhalt

Inhalt

Hallo,

schön, dass ihr euch für unsere Doppelstadt mitten im Schwabenländle interessiert. Hier gibt's eine Menge zu erleben! Und weil wir so viele Angebote gar nicht alle hier im Buch vorstellen können, haben wir viele Jungs und Mädchen abstimmen lassen, welches ihre Lieblingsplätze und -aktivitäten sind. Herausgekommen ist ein buntes Allerlei aus den angesagtesten Sehenswürdigkeiten, coolsten Treffpunkten, beliebtesten Freizeitaktionen und tollsten Ausflugszielen.
Besonderen Dank deshalb an viele Ulmer und Neu-Ulmer Schüler, an die Teilnehmer der Stadtranderholung und viele „Onliner", die sich die Mühe gemacht haben, den Fragebogen auszufüllen.

Und jetzt: Viel Spaß bei einer spannenden Sightseeingtour durch unsere Heimat!

Herzliche Grüße

eure Redaktion

Stadtführungen

Für nur 5 Euro bietet euch die Ulm/Neu-Ulm Touristik GmbH eine tolle Stadtführung für Kinder von 9 bis 13 Jahren an. Unter dem Motto „Spannende Reise ins Mittelalter“ entführt euch die historisch gekleidete Gastführerin ins Ulm des 14. und 15. Jahrhunderts. Es wird nicht nur über das Leben der Handwerker erzählt, sondern auch über die Seuchen und Krankheiten dieser Zeit. Außerdem wird auch das Innere des Münsters besucht. Diese Führung dauert 90 Minuten.

Selbstverständlich gibt es auch noch andere Besichtigungstouren, wie z. B. eine „Spannende Führung durch das Ulmer Münster“, Dauer: 1 Stunde, ideal für Kinder zwischen 6 und 8 Jahren. Erkundigt euch einfach unter der Telefonnummer 0731-161-2830.

Ulmer Münster

Ulm und Neu-Ulm haben viel mehr zu bieten als man denkt! Das Ulmer Münster mit seinem höchsten Kirchturm der Welt (161 Meter; Baubeginn: 1377) und seinem Ulmer Spatz ist wohl die bekannteste Sehenswürdigkeit. Erklimmt man jedoch die 768 Stufen (!) auf 141 Meter hat man einen super Panoramablick und ahnt, dass es in Stadt und Region viel zu entdecken gibt. Markant ist natürlich auch die Donau. Sie fließt nicht nur mitten durch unsere Städte, sondern trennt auch die beiden Bundesländer Baden-Württemberg und Bayern.

Besonders beliebt ist die Donau am Schwörmontag, dem Ulmer Feiertag immer am letzten Montag im Juli. Wenn ihr die Möglichkeit habt, bringt ein Schlauchboot mit und lasst euch mit tausenden anderen die Donau hinab treiben.
Super Stimmung!

Die Geschichte vom Ulmer Spatz

...oder warum der Spatz das inoffizielle Wappentier der Ulmer ist. Zum Bau des Münsters wollten die Ulmer Holz in die Stadt fahren. Das hatten sie quer auf das Fuhrwerk geladen. Für diese „breite Fuhre" waren die Stadttore natürlich zu schmal. Die Ulmer wollten schon das Tor abreißen, um die Durchfahrt zu ermöglichen. Da flatterte ein Spatz herbei, der einen langen Strohhalm im Schnabel trug. Als er diesen der Länge nach in eine Nische des Torturms schob, in der er sein Nest baute, hatten die Ulmer endlich die Erleuchtung. Sie legten ihre Balken der Länge nach auf ihren Wagen. Zum Dank, so heißt es, haben sie dem Spatzen ein Denkmal aufs Münsterdach gesetzt. Also rauf aufs Münster für einen Schnappschuss.

Rathaus Ulm

Rathäuser sind langweilig? Gar nicht wahr. Denn das Rathaus von Ulm ist etwas Besonderes. Das Gebäude wurde 1370 errichtet. Die Fassade ist rundum mit Ereignissen aus dem damaligen Alltagsleben bemalt. Da gibt es einiges zu entdecken. Außerdem hat das Gebäude an der Ostseite eine astronomische Uhr, die mit Edelsteinen verziert ist. Die Uhr hat eine verwirrende Anzahl von Skalen, Ringen und Zeigern. Sie zeigt mitteleuropäische Zeit, Beginn der Jahreszeiten, Tag und Monat, Sonnenauf- und -untergang, Mondauf- und -untergang und noch viel mehr an. Schafft ihr es, die Uhrzeit zu entziffern?

Im Innenbereich des Rathauses findet sich leider nichts Authentisches mehr, da er, wie fast alles in der Ulmer Innenstadt, während des Zweiten Weltkrieges komplett zerstört wurde. Zu sehen ist aber eine Nachbildung des Fluggerätes des „Schneiders von Ulm“.

Metzgerturm

Ein Hauch von Pisa auch bei uns! Der „Schiefe Turm von Ulm“ wurde 1349 als Teil der Ulmer Stadtbefestigung erbaut. Sein richtiger Name ist Metzgerturm und hat eine lustige Geschichte: Damals wurden viele Ulmer Metzger von den Bürgern in dem Turm eingesperrt, weil sie zum Strecken der Wurst Sägespäne nutzten. Als der zornige Bürgermeister die dicken Metzger schimpfen und verurteilen wollte, drängten sich die Metzger vor lauter Angst in eine Ecke des Turms. Seitdem neigt sich der 36 Meter hohe Turm um 2,05 Meter nach Nordwesten.

Glaubt ihr das? Vielleicht! Wahrscheinlicher ist, dass sich der Turm deswegen neigt, weil der Untergrund auf ehemaligem Sumpfgebiet steht ... Egal, auf alle Fälle lohnt sich ein Foto, auf dem ihr den Turm richtig stützt!

Wilhelmsburg

Wisst ihr eigentlich, was Kasematten sind? Wenn nicht, dann nehmt an einer geführten Besichtigung auf der Wilhelmsburg teil (jeden 3. Sonntag im Monat um 11 Uhr) und fragt nach! Hintergrund: Die Wilhelmsburg gehört zur Ulmer Festung und wurde von 1842 bis 1849 erbaut. Sie war das insgesamt stärkste Werk der Hauptumwallung. Die Wilhelmsburg besaß im Gegensatz zu allen anderen Werken der Bundesfestung keinen Wall und bestand nur aus vier kasemattierten Flügeln und drei Türmen. Na, neugierig geworden? Die vielseitige Geschichte der Festung ist auf alle Fälle interessant. Außerdem finden hier regelmäßig verschiedene Veranstaltungen statt. Erkundigt euch im Internet.

www.tourismus.ulm.de

Feuerwehr Ulm/Neu-Ulm

Nicht nur für Jungs! Die Feuerwehr bietet tolle Einblicke hinter die Kulissen. Denn das Aufgabengebiet der Feuerwehr ist sehr vielseitig: Brandeinsätze, technische Hilfeleistung bei Menschen und Tieren in lebensbedrohlichen Zwangslagen, wie z. B. einem Autounfall, Umweltschutzeinsätze und vieles mehr. Interessante Führungen inklusive Vorstellung der Geräte und Fahrzeuge werden sowohl von der Feuerwache in Ulm, Keplerstraße 38 (Telefon 0731-1617123), wie auch von der Hauptwache Neu-Ulm, Zeppelinstraße 6 (Telefon 0731-97071-0), angeboten. Damit die Feuerwehr sich für euch Zeit nehmen kann, kündigt euch bitte vorher telefonisch an. Und wer weiß, ab 12 Jahren kann man sich bei der Jugendfeuerwehr anmelden und aktiv mithelfen?!

Fischerviertel/Altstadt

Wenn ihr euch gerne ins Mittelalter hineinversetzen möchtet, ist ein Besuch des Fischerviertels in der Altstadt ideal. Die alten Gassen, verwinkelten Durchgänge, Brücken und Stege entstanden auf einem der ältesten Siedlungsgebiete innerhalb der Stadtgrenzen. Das Viertel wurde stilgerecht restauriert. In den alten Häusern gibt es viel Gastronomie, Galerien und Fachgeschäfte.

Bastion Lauseck/Wilhelmshöhe

Beim Rundgang durch die Ulmer Altstadt kommt ihr direkt am „Saumarkt" vorbei. Hier ragt eine große Backsteinmauer hoch, die Wilhelmshöhe, ein Rest der „Oberen Donaubastion", Teil der Befestigungsanlagen von 1527. Von oben hat man einen tollen Blick über das Fischerviertel bis zum Münster, die Donau und nach Neu-Ulm. Für Kinder gibt es einen kleinen Spielplatz.

Kloster Wiblingen

Etwas außerhalb von Ulm, aber absolut sehenswert ist das ehemalige Benediktinerkloster im Stadtteil Wiblingen. Nicht nur die imposante Kirche steht im Mittelpunkt, sondern auch der historische Bibliothekssaal. (Seite 21)

Der Schneider von Ulm

Albrecht Berblinger konstruierte 1811 einen Flugapparat, um damit durch die Lüfte zu gleiten. In Anwesenheit des Königs wollte er über die Donau fliegen. Doch er fiel kurz nach dem Start ins Wasser, weil die Thermik fehlte. Er wurde unverletzt von einem Schiffer gerettet, machte sich allerdings schnell aus dem Staub, um nicht dem Spott der Leute ausgesetzt zu sein. Heute gedenkt man seines Forscherdrangs alle vier Jahre beim bekannten Fischerstechen.

Schiefes Haus

Mitte des 14. Jahrhunderts entstand das kleine Fachwerkhaus mitten in der Altstadt direkt an der Blau. Seit der letzten Restaurierung 1995 ist das Schiefe Haus ein Hotel.

Stadt Neu-Ulm

Irgendwie wird Neu-Ulm immer wie eine Stiefschwester von Ulm behandelt, dabei ist sie nur um einiges jünger (Stadtgründung im Jahre 1810). Geschichtlich hat sie längst nicht so viel zu bieten wie Ulm, aber die Innenstadt hat sich in den letzten Jahren ganz schön herausgeputzt. Und die 11 teilweise ländlichen Stadtteile haben auch ihre Vorteile, z. B. mit tollen Freizeitangeboten.

Wasserturm

Das Wahrzeichen der Stadt Neu-Ulm ist der ehemalige barocke Wasserturm von 1898. Man kann ihn zwar nicht besichtigen, aber direkt dahinter beginnt das schöne Glacis. (Seite 49)

Name	Öffnungszeiten	Eintritt/Preis	Adresse/Telefon
Feuerwehr Ulm/Neu Ulm	Telefonische Anmeldung	Nach Absprache	Keplerstraße 38 Tel: +49 (0)731/1617123 Zeppelinstraße 6 Tel: +49 (0)731/97071-0
Kloster Wiblingen	1. April – 31. Oktober: Di – So u. Feiertage: 10.00 –17.00 Uhr 1. November – 31. März: Sa, So u. Feiertage: 10.00 – 16.00 Uhr	Erwachsene: 4 € Kinder (ab 6 J): 2 € Familien: 10 €	Schlossstraße 38 89079 Wiblingen Tel: +49 (0)731/5028975
Stadt-führungen	Telefonische Anmeldung	Kinder: 5 €	Münsterplatz 50 89073 Ulm Tel: +49 (0)731/161-2830
Ulmer Münster	**Turmbesteigung:** November – Februar: 9.00 – 15.45 Uhr April – Juni u. September: 9.00 – 17.45 Uhr Juli u. August: 9.00 – 18.45 Uhr Oktober: 9.00 – 16.45 Uhr	Kinder (7–17 J): 2 € Erwachsene: 4 €	Münsterplatz 1 89073 Ulm Tel: +49 (0)731/1612830
Wilhelms-burg	Jeder 3. Sonntag ab 11.00 Uhr	frei	Prittwitzstraße 100 89073 Ulm Tel: +49 (0)731/1598779

Museum im Konventbau

(Kloster Wiblingen)

Das Kloster Wiblingen war ein kleiner Staat für sich. Was alles dazu gehört, zeigt euch das Museum im Konventbau: der Umgang des Abtes mit seinen Untertanen, die Baugeschichte der Abtei, das Wirtschaften und die Finanzen u.v.m. Als roter Faden zieht sich die Spannung zwischen weltlicher und geistlicher Herrschaft durch die Ausstellung. In allen Räumen animieren Interaktionsstationen und audiovisuelle Präsentationen dazu, selbst auf Spurensuche zu gehen. Ein Korridor leitet die Besucher weiter zum Bibliothekssaal. Mit dem Bibliothekssaal ist der Höhepunkt des Museumsbesuchs erreicht. Der prächtige Saal ist nicht nur mit historisch wertvollen Büchern gefüllt, sondern auch von der Malerei her höchst sehenswert. Telefon: 07 31 / 5 02 89 75.

Knopf & Knopf Internationales Museum der Knöpfe

Knöpfe sind nicht nur zum Zumachen da, Knöpfe sind Schmuck. Das wisst ihr, wenn ihr im „Internationalen Museum der Knöpfe" im oberschwäbischen Warthausen wart. In dem multimedialen Museum sind nicht nur die schönsten und seltensten Knöpfe zu finden. In der Schatzkammer, der Werkstatt, im Museumsgässle, im Zeittunnel und im Future Tunnel sieht man die Anfänge des Knopfs aus Bronze in der Bronzesteinzeit bis hin zum neuesten Material aus der Raumfahrt. Die interaktive Kommunikation der Museumsführung macht viel Spaß! Telefon: 07351/1893-40

Tipp: Ideal lässt sich der Museumsbesuch mit einem Ausflug auf der Öchsle-Bahn verbinden, einer Dampflok, die zwischen Warthausen und Ochsenhausen verkehrt. Termine und Preise unter www.oechsle-bahn.de

Steiff-Museum

Welches Kind kennt sie nicht, die kleinen Schmusefreunde mit dem Knopf im Ohr? Im Steiff-Museum werden sie alle vorgestellt: Über 2000 Steiff-Artikel sind hier auf einer Gesamtfläche von 2.400 Quadratmetern und drei Ebenen verteilt. Die Geschichte des Steiff-Teddybären und seiner Erfinderin Margarete Steiff wird bilderreich und informativ präsentiert. So seht ihr auch die Nähstube, wie sie früher einmal war, und eine Schaufertigung. Hier erlebt ihr live mit, wie die Steiff-Tiere nach traditioneller Fertigungstechnik das Licht der Welt erblicken. Toll gemacht, wird bestimmt auch euren Eltern gefallen.
Zwar liegt das Steiff-Museum ca. 45 Kilometer von Ulm entfernt, aber die gute Verkehrsanbindung durch die A7 und die Parkmöglichkeiten sind ideal. Telefon: 0 73 22 / 95 43 95.

Kino- und Filmmuseum Biberach

(Im Foyer des KinoCenters Sternenpalast)

Hollywood live erleben, das bietet der Sternenpalast in Biberach. Hier gehen schon mal Stars und Sternchen über den roten Teppich, denn seit Jahren gehören die Biberacher Filmfestspiele zu den bedeutenden Festivals des deutschen Films. Jetzt gibt's hier endlich auch ein Kinomuseum mit 15 Themenbereichen. Im ersten Kino- und Filmmuseum Baden-Württembergs könnt ihr diese Reise von 1895 bis in die heutige Zeit noch einmal erleben. Neben über 1.000 Exponaten sind hier u.a. Original-Plakate, z. B. von „... denn sie wissen nicht, was sie tun", zu sehen. Außerdem sieht man die Kurbel- oder Dampfmaschinen, auf denen zu Anfangszeiten die Stummfilme gezeigt wurden. Besonders interessant ist der Original-Nachbau eines Basler Vorführraums aus dem Jahr 1930. Telefon: 07351/13050.

Ulmer Museum

Ein Muss. Das Ulmer Museum zeigt natürlich die Stadt- bzw. Kulturgeschichte Ulms. Aber dazu gehört auch die spannende Archäologische Sammlung mit Funden aus der Ur- und Frühgeschichte des Ulmer Raums. Telefon: 0731/161-4312.

Donauschwäbisches Zentralmuseum

Im 18./19. Jahrhundert wurden deutsche Bauern und Handwerker in Ungarn angesiedelt, die sogenannten „Donauschwaben“. Das Museum zeigt das Leben der deutschen Minderheit in der Vielvölkerregion Südosteuropa. Telefon: 0731/96254-0.

Naturkundliches Bildungszentrum der Stadt Ulm

Das naturkundliche Bildungszentrum ist ein „lebendiges" Museum. Die Beziehung zwischen Mensch und Natur spielt hier eine besondere Rolle. Deshalb ist es abwechslungsreich und interaktiv gestaltet. Telefon: 0731/1614741.

Deutsches Brotmuseum

Absolut sehenswert! Das Museum der Brotkultur zeigt auf kurzweilige Weise die historischen, kulturgeschichtlichen, handwerklichen, sozialpolitischen und technikgeschichtlichen Zusammenhänge des Brots. Ganz toll: Geburtstagsführungen. Telefon: 0731/69955.

Kindermuseum im Edwin Scharff Museum

Das Kindermuseum im Edwin Scharff Museum in Neu-Ulm wurde 2009 eröffnet. Auf 500 Quadratmetern präsentiert sich ein völlig neu konzipiertes Kindermuseum. Es ist ein Ort zum Experimentieren, zum selbstständigen Forschen, für kreative Aktion und Interaktion. Telefon: 0731/9726318.

Museum Hammerschmiede

(am Blautopf)

Schon von weitem hört man ungewohnte Geräusche, es wird gehämmert! Wenn man über die Türschwelle tritt, befindet man sich in einem anderen Jahrhundert. Hier wird das Original einer historischen Schmiedewerkstatt dargestellt. Telefon: 07344/921027. Tipp: Blautopf: Seite 51)

Haus der Stadtgeschichte

(Stadtarchiv Ulm/Schwörhaus)

Im Ulmer Schwörhaus ist das Stadtarchiv die zentrale Anlaufstelle für Forschungen zur städtischen Geschichte. Weinhof, Telefon: 0731/161-4200.

Wassermuseum Ulm

(Seehausbrunnenwerk)

Das kleine Wassermuseum stellt die viel beachtete Geschichte der Ulmer Wasserversorgung von früher bis heute vor. Griesbadgasse, Telefon: 0731/166-4900.

Kunsthalle Weishaupt

In der Kunsthalle Weishaupt findet ihr moderne Werke von namhaften Künstlern der 2. Hälfte des 20. Jahrhunderts. Neue Mitte, Telefon: 0731-1614360.

Name	Öffnungszeiten	Eintritt/Preis	Adresse/Telefon
Deutsches Brotmuseum	Täglich: 10.00 – 17.00 Uhr	Kinder: 2,50 € Erwachsene: 3,50 €	Salzstadelgasse 10 89073 Ulm Tel: +49 (0)731/69955
Donau-schwäbi-sches Zent-ralmuseum	Di – So: 11.00 – 17.00 Uhr	Kinder: 2,50 € Erwachsene: 3,50 €	Schillerstraße 1 89077 Ulm Tel: +49 (0)731/96254-0
Kino & Filmmuseum	Kann jederzeit besucht werden	frei	Sternenpalast Biberach Waldseer Straße 3 88400 Biberach Tel: +49 (0)7351/13050
Kindermu-seum (Edwin Scharff Museum)	Di, Mi: 13.00 – 17.00 Uhr Do, Fr, Sa: 13.00 – 18.00 Uhr So: 10.00 – 18.00 Uhr	Jugendliche (ab 15 J): 1,00 € Erwachsene: 5 €	Petrusplatz 4 89231 Neu-Ulm Tel:+49 (0)731/9726318
Knopf & Knopf Knopf-museum	Di – So: 10.00 – 18.00 Uhr	Kinder (ab 6 J): 2,80 € Erwachsene: 3,80 €	Museumsgässle 1 88447 Warthausen Tel:+49 (0)7351/1893-0
Kunsthalle Weißhaupt	Di – So: 11.00 – 17.00 Uhr Do: 11.00 – 20.00 Uhr	Kinder (ab 14 J): 4,00 € Erwachsene: 6,00 €	Hans-und-Sophie-Scholl-Platz 1 89073 Ulm Tel: +49 (0)731/16143-60

Name	Öffnungszeiten	Eintritt/Preis	Adresse/Telefon
Haus der Stadtgeschichte	Mo-Mi: 8.30 – 17.00 Uhr Do: 8.30 – 18.00 Uhr Fr: 8.00-14.00 Uhr	frei	Weinhof 12 89073 Ulm Tel: +49 (0)731/161-4200
Museum im Konventbau	April – Oktober: Di – So: 10.00 – 17.00 Uhr November – März: Sa, So: 13.00 – 16.00 Uhr	Kinder: 2 € Erwachsene: 4 €	Schlossstraße 36, 89079 Ulm Tel: +49 (0)731/5028-975
Naturkundliches Bildungszentrum Ulm		Kinder (ab 7 J.): 1,50 € Erwachsene: 2,40 €	Kornhausgasse 3 89073 Ulm Tel: +49 (0)731/1614741
Steiff Museum	April – Oktober: täglich: 9.30 – 19.00 Uhr November – März: täglich 10.00 – 18.00 Uhr	Kinder (ab 6 J): 5 € Erwachsene: 8 €	Margarete-Steiff-Straße 1 89537 Giengen Tel:+49 (0)7322/131-500
Ulmer Museum	Di – So: 11.00 – 17.00 Uhr	Kinder (ab 14 J): 1 € Erwachsene: 3,50 €	Marktplatz 9 89073 Ulm Tel: +49 (0)731/6025060

Stadtbibliothek Ulm

Nicht nur Ägypten, auch Ulm hat eine Pyramide. Und was für eine tolle – ganz aus Glas. Sie ist über 35 Meter hoch und steht in der Altstadt, direkt hinter dem Rathaus. Hier ist die Zentralbibliothek untergebracht. Sie bietet alles, was eine moderne Bibliothek braucht. 210.000 Medieneinheiten stehen zur Verfügung, darunter auch ein großes multimediales Angebot. Im 1. Obergeschoss ist die Abteilung für Kinder- und Jugendbücher. Sobald ihr 3 Jahre alt seid, könnt ihr hier euren eigenen Benutzerausweis erhalten.

Tipp: Jeden Freitag um 15.30 Uhr werden Geschichten für Kinder ab 3 Jahren vorgelesen. Auch in den anderen Ulmer Stadtteilen könnt ihr direkt Bücher ausleihen.
Die Öffnungszeiten der Bibliotheken Eselsberg, Weststadt, Wiblingen, Böfingen erfahrt ihr unter
www.stadtbibliothek.ulm.de

Stadtbücherei Neu-Ulm

In der Stadtbücherei Neu-Ulm am Heiner-Metzger-Platz könnt ihr nicht nur gemütlich schmökern, sondern auch Musik hören, spielen, im Internet surfen oder an weiteren Angeboten teilnehmen.

www.stadtbuecherei.neu-ulm.de

Gondrom

Die Ulmer Buchhandlung Gondrom, ganz nah am Ulmer Münster, hat ein großes Sortiment an Kinderbüchern, Spielen, DVDs und PC-Games. In der Kinderbuchabteilung findet man ein Riesensortiment und kann bequem schmökern.

www.thalia.de

Buchhandlung Hugendubel

Jede Menge Kinder- und Jugendbücher bietet Hugendubel in der Ulmer Hirschstraße. Auf der ausführlichen Homepage könnt ihr euch im Vorfeld schon über die besten Neuheiten informieren. Ideal zum Lümmeln und Reinlesen: die gemütliche Leseecke. www.hugendubel.de

Thalia (Blautalcenter)

In der großen Kinderbuchabteilung der Thalia-Buchhandlung im Blautalcenter befindet sich eine Spielecke mit Reittieren und Rutsche. So können die größeren Geschwister in Ruhe stöbern und die Kleinen toben. www.thalia.de

Buchhandlung Herwig

Lust zu Lesen! Dann auf zur Buchhandlung Herwig direkt am Münsterplatz. Neben einem großen Angebot an Kinder- und Jugendmedien werden hier auch eBooks groß geschrieben, z. B. die ganze Perry Rhodan-Reihe. www.herwig-online.de

Ulmer Bücherstube Jastram

Die Kulturbuchhandlung Jastram in der Ulmer Schuhhausgasse bietet nicht nur Fach- und Sachbücher, sondern auch alles rund um Kinderbücher. Gut strukturiert ist die Homepage unter www.jastram-buecher.de mit Bestellmöglichkeit.

Name	Öffnungszeiten	Eintritt/ Preis	Adresse/Telefon
Stadtbibliothek Ulm	Di – Fr: 10.00 – 19.00 Uhr Sa: 10.00 – 14.00 Uhr	frei	Buchauer Straße 9 89079 Ulm Tel: +49 (0)731/9405178
Stadtbücherei Neu-Ulm	Di, Mi, Fr: 10.00 – 18.00 Uhr Do: 10.00 – 20.00 Uhr Sa: 10.00 – 13.00 Uhr	frei	Heiner-Metzger-Platz 1 89231 Neu-Ulm Tel: +49 (0)731/9727672
Buchhandlung Herwig	Mo – Fr: 10.00 – 19.00 Uhr Sa: 9.00 –18.00 Uhr	frei	Münsterplatz 18, 89073 Ulm Tel: +49 (0)731/96217-0
Buchhandlung Hugendubel	Mo – Sa: 9.00 – 20. 00 Uhr	frei	Hirschstraße 26 89073 Ulm Tel: +49 (0)180/1484484
Gondrom	Mo – Sa: 9.00 – 20. 00 Uhr	frei	Hirschstraße 12 89073 Ulm Tel: +49 (0)731/1449-0
Thalia (Blautalcenter)	Mo – Fr: 9.30 – 20.00 Uhr Sa: 9.00 – 20.00 Uhr	frei	Blautal - Center Blaubeurer Straße 95 89077 Ulm Tel: +49 (0)731/932560
Ulmer Bücherstube Jastram	Mo – Fr: 9.00 – 18.00 Uhr Sa: 9.00 – 16.00 Uhr	frei	Schuhhausgasse 8 89073 Ulm Tel: +49 (0)731/9609688

Städtisches Freibad Weißenhorn

Im Freibad Weißenhorn gibt es ein super-cooles Erlebnisbecken, perfekt für Schwimmer und Nichtschwimmer: eine 64 Meter lange Rutsche, ein Wasserfall, Whirlpool, Wasserstrudel mit Massagedüsen und noch einiger Schnickschnack mehr. Die ganz Kleinen planschen im Babybecken oder

spielen auf dem Spielplatz, die Großen können ihre Bahnen im Schwimmerbecken ziehen. Cool sind auch die riesige Liegewiese von über 20.000 Quadratmetern mit Beachvolleyball-Platz und Tischtennisanlagen, die Kiosk-Bewirtung, großer Parkplatz direkt an der Ortsumgehung und günstige Eintrittspreise.

www.weissenhorn.de

Bad Blau

Das Wohlfühlbad Bad Blau in Blaustein ist ein zeitgemäßes Erlebnisbad. Es bietet immer wieder interessante Aktionen wie zum Beispiel Kindernachmittage an. Es gibt einen großen Kinderbereich für die ganz Kleinen und ein Abenteuerbecken mit großer Rutschbahn und einer Gegenstromanlage. Im Schwimmerbecken mit einer Länge von 25 Metern macht das Schwimmen richtig Spaß. Draußen lockt ein mit 33° C superwarmes Sole-Becken mit Massagedüsen und Nackenduschen. Und anschließend wird gekneippt. Sehr gesund aber – brrrrrrr!

Im Sommer bietet die große Liegewiese viel Platz zum Relaxen.

www.bad-blau.de

HellensteinBad Aquarena

Seid ihr schon mal durch ein „black hole" gerutscht? Wenn nicht, dann auf ins Aquarena nach Heidenheim. Ohne Gefühl für Raum und Geschwindigkeit rutscht ihr durch eine 95 Meter lange Röhre mit faszinierenden Lichteffekten. Wer es nicht so wild mag, kann auf großen Reifen den transparenten 55 Meter langen Tunnel hinuntergleiten. Ansonsten gibt es ein großes Schwimmerbecken, ein Sprungbecken und ein warmes Außenbecken mit 33° C. Vor, zwischen und nach dem Schwimmen bietet sich euch außerdem ein tolles Spieleangebot im Trockenbereich an. www.hellensteinbad-aquarena.de

Jordanbad

Prädikat: Auf jeden Fall hin! Im Jordanbad bei Biberach gibt es nämlich nicht nur ein Schwimmbad für Groß und Klein, sondern auch ein tolles Rahmenprogramm. Für einen Pauschalpreis habt ihr als Familie dann den ganzen Tag über freien Eintritt in die Therme und in die Sinn-Welt. Die Therme mit 47° C heißem Thermalwasser bildet das Herzstück des Jordanbads. Im Internet findet ihr aktuelle Termine für fetzige Familiennachmittage mit viel Action. Galaktischer Rutschspaß, Tanzeinlagen und witzige Spiele sind garantiert!
Die Sinn-Welt direkt neben dem Jordanbad bietet euch eine Entdeckungsreise in die Welt der Sinne. An 100 Stationen – von optischer Täuschung über Naturphänomene bis zu interessanten Klangerlebnissen – könnt ihr eure Experimentierlust ausprobieren. www.jordanbad.com

Westbad

Das traditionelle Hallenbad Westbad gibt es schon seit 1969. Es ist aber komplett saniert worden. Heute gibt es ein Schwimmbecken mit 6 Bahnen auf 25 Metern Länge, ein Nichtschwimmerbecken und ein Kleinkindbecken.
Telefon: 0731/1613480.

Lothar-Schultheiß-Bad
(Freibad des SSV Ulm)

Das Lothar-Schultheiß-Bad gehört dem SSV Ulm 1846 e.V. und wird von den Ulmern eigentlich bloß „SSV-Bad“ genannt. Hier werden die Profis von morgen ausgebildet. Wer sich dafür interessiert, kann sich beim Vorschwimmen für seine Riege qualifizieren: www.ssvulm1846-schwimmen.de.

Donaubad Neu-Ulm

Der Jugendtreffpunkt von Neu-Ulm, was das Thema „Schwimmbad“ betrifft! Nach einer Komplettsanierung 2009 strahlt das Freibad mit seiner tollen Sprunganlage wie neu. In Begleitung Erwachsener darf man hier sogar in der Donau schwimmen.
www.ulm.de

Hallenbad Neu-Ulm

(beim Landratsamt)

Kleine Wasserratten haben im Neu-Ulmer Hallenbad Spaß an einem eigenen Kinderbecken mit Spritzdüsen. Am Montag ist Warmbadetag bei einer kuscheligen Temperatur von 29,5° C. Geschickt für die Mamis: Zwei Wickelräume für Kleinkinder.
www.stadt.neu-ulm.de

Freizeitbad Nautilla

Kinderbecken, Nichtschwimmerbecken, Erlebnisbecken, Solebecken, Wasserrutsche – das Angebot im Illertissener Nautilla ist groß. Für Kinder bis 6 Jahre ist der Eintritt frei, ansonsten bieten sich die Familienkarten an. www.nautilla.com

Badeseen Neu-Ulm

Fünf großzügig angelegte Badeseen zur kostenlosen Freizeitgestaltung stehen euch im Donau- und Illertal zur Verfügung. Die Seen befinden sich in Ortsnähe und sind super mit dem Fahrrad zu erreichen.

Ludwigsfelder See

Der Ludwigsfelder Baggersee im Süden Neu-Ulms bietet 500 Pkw-Stellplätze, Wasserwacht- und Sanitärgebäude, Kiosk, Kinder- und Ballspielplätze, Tischtennis und Beachvolleyball.

Pfuhler See

Der Pfuhler Baggersee im Osten Neu-Ulms bietet 480 Pkw-Stellplätze, Fahrradstellplätze, Wasserwacht- und Sanitärgebäude, Kiosk, Kinderspielplatz, Tischtennis und Beachvolleyball.

Unterelchinger See

Der Unterelchinger See bietet 232 Pkw-Stellplätze, Fahrradabstellplätze, Wasserwachtgebäude, Beachvolleyball, WC-Anlage, Restaurant.

Sendener Waldsee

Der Sendener Waldsee bietet 130 Pkw-Stellplätze, weitere Stellplätze bei der nahe gelegenen Eislaufanlage.

Wasserwacht- und Sanitärgebäude, Kinderspielplatz, Tischtennis sind vorhanden. Das Ufer ist flach abfallend, ideal für „Seepferdchen“.

Vöhringer See

Der Vöhringer See bietet 300 Pkw-Stellplätze, Wasserwacht-, Sanitär- und Kioskgebäude, Fahrradabstellplätze, Kinderspielplatz sowie Tischtennis.

Name	Öffnungszeiten	Eintritt/Preis	Adresse/Telefon
Bad Blau	Mo, Di: 9.00 – 22.00 Uhr Mi: 7.00 – 22.00 Uhr Do, Sa: 9.00 – 23.00 Uhr So, Feiertage: 9.00 – 22.00	Kinder ab 6 J (2,5 h): 4 € Erwachsene (2,5 h): 5,90 € Familien (2,5 h): 14,50 €	Boschstr. 12 89134 Blaustein Tel: +49 (0)7304/802162
Donaubad Neu-Ulm	Mai, September: Mo: 12.00 – 19.00 Uhr Di, Do, Sa, So: 9.00 – 19.00 Uhr Mi, Fr: 7.00 – 19.00 Uhr Juni, Juli, August: Bis 20.00 Uhr geöffnet	Kinder ab 6 J (Tageskarte): 2,20 € Erwachsene (Tageskarte): 3,50 €	Wiblinger Straße 55 89231 Neu-Ulm Tel: +49 (0)731/9458-330
Freizeitbad Nautilla	Mo, Di, Mi, Sa: 9.00 – 22.00 Uhr Do, Fr: 9.00 – 23.00 Uhr So: 9.00 – 21.00 Uhr	Kinder ab 6 J (3 h): 5,50 € Erwachsene (3 h): 6 €	Gottfried-Hart-Straße 6 89257 Illertissen Tel: +49 (0)7303/902270
Hellen-steinBad Aquarena	Mo: 12.00 – 21.00 Uhr Di, Mi, Do: 8.00 – 21.00 Uhr Fr: 8.00 – 22.00 Uhr Sa, So: 9.00 – 18.00 Uhr	Kinder 3–6 J (2,5 h): 1,60 € 7–17 J: 3,40 € Erwachsene (2,5 h): 5 €	Friedrich-Pfenning-Str. 24 89518 Heidenheim Tel: +49 (0)7321/328-130

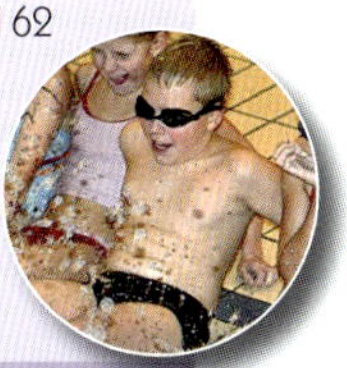

Wasserspaß!

Name	Öffnungszeiten	Eintritt/Preis	Adresse/Telefon
Jordanbad	So – Do: 9.00 – 22.00 Uhr Fr – Sa: 9.00 – 23.00 Uhr	Kinder ab 6 J (2,5 h): 4,70 € Erwachsene (2,5 h): 7,10 €	Im Jordanbad 2 88400 Biberach an der Riß Tel: +49 (0)7351/343-100
Städtisches Freibad Weißen-horn	Mai, Juni, September: 9.00 – 19.00 Uhr Juli – August: 9.00 – 20.00 Uhr	Kinder ab 6 J (Einzelkarte): 1,00 € Jugendliche ab 16 J (Einzelkarte): 1,50 € Erwachsene (Einzelkarte): 2,50 €	Illerberger Straße 89264 Weißenhorn Tel: +49 (0)7309/3176
Westbad	Mo: Geschlossen Di, Do: 7.00 – 21.30 Uhr Mi: 7.00 – 18.00 Uhr Fr: 7.00 – 21.00 Uhr Sa, So: 8.00 – 18.00 Uhr	Kinder ab 6 J (4 h): 2 € Erwachsene (4 h): 3,30 €	Moltkestraße 30 89077 Ulm Tel: +49 (0)731/1613480
Hallenbad Neu-Ulm	Mo: 12.30 – 21.00 Uhr Di, Do: 12.30 – 19.00 Uhr Mi: 12.30 – 20.00 Uhr Sa: 10.00 – 20.00 Uhr So: 8.00 – 20.00 Uhr	Kinder ab 6 J (Einzelkarte): 2 € Erwachsene (Einzelkarte): 3,30 €	Kantstraße 4, 89231 Neu-Ulm Tel: +49 (0)731/978680

Parkanlage Friedrichsau

Freizeitaktivitäten für jeden Geschmack bietet euch die „grüne Lunge" Ulms. Die Parkanlage Friedrichsau breitet sich entlang der Donau auf einer Länge von circa zwei Kilometern aus. Jede Menge Spielplätze und die Minigolfanlage (siehe Seite 76) sind bei den Kiddies sehr beliebt. Biergärten und Gaststätten bieten leckere Schmankerl auf ihrer Karte an. Bootsfahrten auf dem Ausee oder auch kleine Schiffsrundfahrten auf der Donau bringen tolle Abwechslung. www.friedrichsau-ulm.de

Tipp: von Mai bis Juli gastiert das Ulmer Zelt in der Friedrichsau. Auf diesem großen Festival gibt es ein spezielles Kinderprogramm sowie viel Spaß und Spannung auf der Kinderaktionswiese. www.ulmerzelt.de.
Auch findet hier im Juli das große Ulmer Volksfest statt.

Tiergarten Ulm

Früher wurde der Tiergarten Ulm in der Friedrichsau immer nur „das Aquarium" genannt. Doch heute stimmt das ganz und gar nicht mehr! Nicht nur, dass das Aquarium um einen galaktischen begehbaren Glastunnel, das Donauaquarium, erweitert wurde, auch Terrarien, ein Tropenhaus und das Freigehege sind das Zuhause für viele einheimische und fremde Tiere und Pflanzen. Fische und Reptilien, Affen und Vögel bis hin zu Kängurus und Bären gibt es hier, und das zu absolut günstigen Eintrittspreisen.

Tipp: Besonders „nah" kommt ihr den Tieren, wenn ihr zum Beispiel eine Geburtstagsführung macht. Lasst Euch überraschen! www.tiergarten.ulm.de

Hallo liebe Leseratte!

Du hast ein Buch aus unserem Verlag geschenkt bekommen oder hast es Dir vielleicht sogar selbst gekauft.
Uns würde Deine Meinung sehr interessieren!
Welches Buch hast Du gelesen?

Wie hat es Dir gefallen? War es spannend und interessant?

Schick' uns doch einfach diese Postkarte wieder zurück oder schreibe uns eine E-Mail (info@oertel-spoerer.de). Wir freuen uns auf Deine Post!

Wir sind ein Verlag mit Sitz in Reutlingen und machen viele spannende Bücher, die Du alle in den Buchhandlungen, den GEA-Geschäftsstellen oder im Internet kaufen kannst.

www.fotolia.com/Tom Perkins

Oertel+Spörer – der Buchverlag in der Region Neckar-Alb

www.oertel-spoerer.de

Name

Vorname

Straße

PLZ/Ort

E-Mail

Wie alt bist Du?

Bitte
freimachen,
falls
Briefmarke
zur Hand

Antwort / Postkarte

Oertel + Spörer Verlags-GmbH + Co.KG
Postfach 16 42

D-72706 Reutlingen

Glacis Stadtpark Neu-Ulm

Was die Friedrichsau in Ulm ist, ist der Glacis Stadtpark in Neu-Ulm. Bereits zum zweiten Mal war das Glacis der Ort der Landesgartenschau. Hier befinden sich neben farbenfroher Botanik noch gut erhaltene Teile der alten Stadtmauer und das Neu-Ulmer Wahrzeichen, der Wasserturm, den man aber leider nicht von innen besichtigen kann. Dafür könnt ihr euch auf den Kinderspielplätzen (sehr zu empfehlen: das große Piratenschiff oder der schattige Abenteuerspielplatz bei der Römervilla) und an heißen Tagen bei tollen Wasserspielen so richtig erholen. Gastronomie und Amphitheater vervollständigen die Parkatmosphäre.

Tipp: Über die „grüne Brücke" geht es in den Wiley Park, der anderen Hälfte der ehemaligen Landesgartenschau.
www.neu-ulm.de

Botanischer Garten der Universität Ulm

Ulm hat einen der größten Botanischen Gärten Deutschlands! Als Einrichtung der Universität Ulm erfüllt er Aufgaben für die Wissenschaft. Zwischen dem Oberen Eselsberg und dem Lehrer Tal befinden sich eine Gewächshausanlage mit Pflanzen aus tropischen Regenwäldern, ein neuer Apothekergarten sowie der Taglilien-Schaugarten. Auf weiteren Wegen durchwandert ihr schattige Wälder und bunte Wiesen bis ihr zum südlichen Teil des Gartens mit Rosengarten, Bauerngarten, Streuobstwiese und Dreifelderwirtschaft gelangt. Ob bei einer geführten Tour oder auf eigene Faust, hier gibt es ganz im Stil „lebendiges Lernen“ für Groß und Klein viel zu sehen und zu entdecken. Bei all der Pflanzenvielfalt ist hier viel Abwechslung geboten. Ein Besuch lohnt sich deshalb zu jeder Jahreszeit.

www.uni-ulm.de

Blautopf

Der Blautopf fasziniert, seit es Menschen gibt. Das Farbenspiel dieser Quelle macht den Blautopf mitten in Blaubeuren so einmalig. Hier siedelten sich schon ganz früh Menschen an, wie historische Funde belegen: die circa 32.000 Jahre alte Skulptur des Löwenmenschen und die noch ältere Flöte aus Schwanenknochen. Um den Blautopf herum kann man eine kleine Rundwanderung machen. Oder einen Abstecher in die gut erhaltene Altstadt, auch „Klein-Venedig“ genannt. Oder ihr macht gleich eine Tour mit dem Blautopfbähnle zu den ganzen Sehenswürdigkeiten in der Stadt und der näheren Umgebung. Und weil es hier eine Menge zu entdecken gibt, werden gleich verschiedene Besichtigungstouren angeboten.

www.stadt-blaubeuren.de

Laichinger Tiefenhöhle

Gute Schuhe und eine warme Jacke sind empfehlenswert, denn in der Laichinger Tiefenhöhle steigt man auf feuchten Eisentreppen 55 Meter in die Tiefe, brrrrr. Kinder unter 14 Jahren sollten in Begleitung eines Erwachsenen sein. Doch nur Mut, die Höhle ist für alle Altersklassen offen und absolut spannend. Kinder unter 6 Jahren zahlen außerdem keinen Eintritt. Die Höhle wird ohne Führung besichtigt, einen ersten Eindruck könnt ihr euch bei der virtuellen Kinderführung im Internet machen. Im Eingangsgebäude der Laichinger Tiefenhöhle befindet sich das „Museum für Höhlenkunde". Einkehrmöglichkeit ist vorhanden, ringsum sind außerdem schöne Grillstellen und Spielplätze angelegt.

www.tiefenhöhle.de

Bärenhöhle

Wie die Bärenhöhle entdeckt wurde? Kein Bär, sondern eine Fledermaus ist „schuld"! 1834 entdeckte ein Lehrer die Höhle, weil eine Fledermaus in einen Felsspalt flog und er ihr folgte. Die Bärenhöhle, am Nordrand der Schwäbischen Alb bei Sonnenbühl, mit großartigen Stalagmiten, Stalaktiten und ältesten Tierresten, ist die meist besuchte Höhle Deutschlands. Bereits vor rund 20.000 Jahren wurde die Bärenhöhle von Höhlenbären (daher der Name), aber auch von Höhlenlöwen und Nashörnern frequentiert. Die Knochen sind noch heute zu besichtigen. Seit 1974 befindet sich oberhalb der Bärenhöhle der Freizeitpark Traumland (Siehe Seite 64).

www.schwaebischealb.de

Charlottenhöhle

Ein unterirdisches Erlebnis: In der Charlottenhöhle bei Giengen an der Brenz nimmt ein Märchenerzähler große und kleine Besucher mit auf die Reise in eine Märchenwelt. Besonders geeignet ist diese Märchenführung für Kinder ab 5 Jahren. Genauso einfallsreich und spannend ist die Sinnesführung durch die 587 Meter lange Tropfsteinhöhle. Das Licht in der Höhle wird ausgeschaltet, doch jeder sollte eine Taschenlampe mitbringen. Dann gibt's Stationen zum Sehen, Riechen und Tasten. Ideal für Kinder zwischen 6 und 12 Jahren. Es wird empfohlen, warme Kleidung und feste Schuhe zu tragen.
Auf der kleinen Steigung zum Höhleneingang führt ein Zeitreisepfad mit acht Stationen von der Gegenwart über historische Ereignisse zurück in die Urzeit, die Zeit der Höhlenbären.

www.giengen.de

Schertelshöhle

Die Schertelshöhle liegt 3,5 Kilometer außerhalb von Westerheim auf der Schwäbischen Alb in einem herrlichen Wald- und Wandergebiet. Die Tropfsteinhöhle könnt ihr in einer Führung besichtigen. Sie ist sehr gut beleuchtet und gut begehbar. Unterhalb der Schertelshöhle befindet sich das Steinerne Haus, eine Höhle, die nur mit Taschenlampe begehbar ist. In dieser Höhle befinden sich im Winter mehrere hundert Eiszapfen. Gaststätte und Grillplätze sind vorhanden.

Tipp: Ausflug zur gut erhaltenen Ruine Reußenstein, zwischen Wiesensteig und Neidlingen. Von Parkplatz am Reußenstein aus kann auch eine Rundwanderung gestartet werden. www.schertelshoehle.de

Lonetal

Begebt euch auf die Spuren der Eiszeitjäger! Im Lonetal kommen nicht nur Wanderfreunde wegen der artenreichen Pflanzenwelt auf ihre Kosten, sondern auch Höhlenfans. Wusstet ihr, dass im Lonetal die spektakulärsten Zeugnisse frühester menschlicher Kultur gefunden wurden? Bei Ausgrabungen in den Lonetalhöhlen wurden im Laufe des 20. Jahrhunderts tolle Elfenbeinfiguren entdeckt. Geschnitzt aus den Stoßzähnen der Mammuts! Den berühmten Löwenmenschen könnt ihr sogar im Ulmer Museum bestaunen.

Tipp: Dreistündige Wanderung vom Parkplatz Bocksteinhöhle aus zu den wichtigsten Fundplätzen. Die detaillierte Tourenbeschreibung gibt's auf www.lonetal.net

Eselsburger Tal

Natur pur bietet das Eselsburger Tal. Hier seht ihr die für die Schwäbische Alb typischen Wacholderheiden, Feuchtgebiete und bizarr geformte Felsen wie die Steinerne Jungfrau. Das Naturschutzgebiet bietet Lebensraum für die schönsten Pflanzen und viele Vogelarten sowie für eine Unmenge an Amphibien und Reptilien.

Tipp: Eine Familienkanutour durchs Eselsburger Tal. Gestartet wird in Herbrechtingen. Auf der Brenz entlang geht's bis zum Eselsburger Tal. Hier kann man die Tour beim Felsklettern ausklingen lassen. Auch für kleinere Kinder geeignet. Veranstalter: vhs, Süßen.

Haupt- und Landgestüt Marbach

Für alle großen und kleinen Pferdefreunde ein Muss! Das Haupt- und Landgestüt Marbach liegt im Landkreis Reutlingen. Seit dem 16. Jahrhundert ist es das größte württembergische Landgestüt. In Führungen erfahrt ihr viel über die Geschichte des Gestüts, über die gezüchteten Pferderassen und die alltägliche Arbeit mit dem Pferd.

Fragt auch mal nach Planwagenfahrten in den Sommerferien und Kutschfahrten bzw. Schlittenfahrten im Winter für die ganze Familie.

Abgerundet wird der Marbach-Ausflug mit einem Besuch des Gestütsmuseums.

Tipp: Die Hengstparade an zwei Wochenenden im September/Oktober. Drei Stunden lang werden hier Pferde, Reitkünste und Kutschen präsentiert.

www.gestuet-marbach.de

Wilhelma
Zoologisch-Botanischer Garten

Wie ihr die Wilhelma in Stuttgart erkunden wollt, bleibt eurer Lust und Laune überlassen. Egal welches Wetter und welche Jahreszeit, gute Tipps für die besten Rundgänge findet ihr auf der Homepage des Zoos. Mit über 8.000 Tieren und 6.000 Pflanzenarten ist die Wilhelma einer der beliebtesten Zoos in Deutschland. Eine witzige, aber nicht ganz billige Idee: Auf Anmeldung könnt ihr euer Lieblingstier persönlich kennenlernen. Affen und Raubtiere sind allerdings davon ausgeschlossen ...

Tipp: Verbringt euren Kindergeburtstag im Zoo. Führungen für unterschiedliche Altersklassen sind möglich, teilweise könnt ihr hier mit euren Gästen sogar Tierpfleger spielen. www.wilhelma.de

Zoologischer Garten Augsburg

Nicht zu groß und trotzdem sehr abwechslungsreich ist der Augsburger Zoo. Nicht nur eine große Auswahl an Säugetieren, Reptilien, Amphibien, Vögeln und Pflanzen sind hier zu bestaunen. Besonders cool sind gegen Ende des Rundgangs der spannende Abenteuerspielplatz, die Minieisenbahn und der Streichelzoo, direkt neben dem Gastronomiebereich. Praktisch: Direkt am Eingang stehen Bollerwagen zum Ausleihen zur Verfügung – fürs Proviant oder/und müde Besucher.

Tipp: Eine zoopädagogische Kinderführung für dich und deine Freunde. So könnt ihr auch Tiere kennenlernen, die ihr auf Anhieb vielleicht nicht so mögt.

www.zoo-augsburg.de

Loretto

Am südlichen Albrand oberhalb von Zwiefalten liegt an einem besonders schönen Platz Loretto, ein dreihundert Jahre altes Gehöft. Loretto wird heute von einer Hofgemeinschaft bewohnt und bewirtschaftet. An den Wochenenden herrscht hier reger Betrieb, denn Loretto ist nicht nur bekannt für seine Holzofenbäckerei, sondern auch der Ziegenhof ist eine Riesenattraktion. Hier könnt ihr Ziegen streicheln und deren Käse gleich auf frischem Brot verzehren. Was es sonst noch für selbst gemachte Leckereien gibt, findet ihr auf der Internet-Speisekarte.

Übrigens: Kinder bis 6 Jahre essen umsonst, Kinder bis 14 Jahre zahlen die Hälfte.

www.loretto-zwiefalten.de

Hohler Fels

Schon Neandertaler lebten hier! Etwa 1,5 Kilometer von Schelklingen entfernt liegt der „Hohle Fels". Zu der Höhle führt ein 29 Meter langer Gang in die große Haupthalle, die mit einer Fläche von etwa 500 Quadratmetern zu den größten der Schwäbischen Alb zählt.

www.museum-schelklingen.de

Wimsener Höhle

Schiff Ahoi! 70 Meter tief kann man die Friedrichshöhle in Wimsen, einem kleinen Ort zwischen Hayingen und Zwiefalten, mit einem Boot befahren. Das dauert zwar nicht allzu lange, dafür könnt ihr anschließend die schöne Umgebung bei einer kleinen Wanderung erkunden.

www.tourismus-bw.de

Sontheimer Höhle

400 Fledermäuse überwintern in der Sontheimer Höhle, in der Nähe von Heroldstatt. Sie haben lustige Namen wie „Großes Mausohr“ oder „Braunes Langohr“. Die Tropfsteinhöhle hat einen gut ausgebauten Führungsweg.

Tipp: das Höhlenfest, das jedes Jahr an Pfingstsonntag stattfindet. www.sontheimer-hoehle.de

Straußenfarm Donaumoos

Rund 20 Kilometer östlich von Ulm bei Leipheim, direkt an der A8, findet ihr die Straußenfarm Donaumoos. Mit circa 400 bis 500 Küken und Jungstraußen sowie etwa 30 Zuchtstraußen ist es eine der größten Straußenfarmen Deutschlands. Besichtigungen sind ein Erlebnis.

www.straussenfarm-donaumoos.de

Freizeitpark Traumland

Der Freizeitpark Traumland direkt bei der Bärenhöhle bietet eine Menge Fahr- und Spielvergnügen, besonders für Familien mit jüngeren Kindern. Schiffsschaukel, Riesenrad, ein Jumping Tower oder eine Raupenbahn bieten genauso viel Zeitvertreib wie Ponyreiten und Streichelzoo. www.freizeitpark-traumland.de

Ponyhof und Märchenpark

In Machtolsheim bei Laichingen werden Märchenträume wahr! Auf einem Rundweg werden an 13 Stationen

bekannte Märchen in schön gestalteten Häuschen durch Puppen dargestellt. Im Anschluss bietet sich ein Ponyausritt (1,5 km) durch die schöne Landschaft der Schwäbischen Alb an.

www.ponymaerchenpark.de

Harzerhof

In Neu-Ulms Ortsteil Gerlenhofen wird Kindern und Jugendlichen alles geboten, was ihr Reiterherz beglückt: Ausritte mit Begleitung, Ponyreiten in der Halle bei schlechtem Wetter, Kindergeburtstage, Kutschfahrten usw.

www.heigele-harzerhof.de

Tiefer Stollen

Für alle Fans des Bergbaus ist der Tiefe Stollen bei Aalen ein Erlebnis. Mit einer kleinen Bahn fahrt ihr in den Berg hinein. Untertage geht es dann zu Fuß weiter. Gutes Schuhwerk ist empfehlenswert, da es auch mal feucht werden kann. Helm und Umhang werden gestellt.

www.aalen.de

Auf der Suche nach Tier und Natur

Name	Öffnungszeiten	Eintritt/Preis	Adresse/Telefon
Blautopf	Kann jederzeit besucht werden	frei	Blautopfstraße 4 89143 Blaubeuren Tel: +49 (0)7344/952466
Botanischer Garten der Universität Ulm	März – Oktober: täglich 9.00 – 20.00 Uhr November – Februar: täglich 9.00 – 16.30 Uhr	frei	Oberer Eselsberg 1 89081 Ulm Tel: +49 (0)731/5031351
Bärenhöhle	März & November: Sa, So: 9.00 – 17.00 Uhr 1. April – 7. November: täglich 9.00 – 17.30 Uhr	Kinder ab 6 J: 2 € Erwachsene: 3 € Familien: 8 €	Bärenhöhle 72820 Erpfingen Tel: +49 (0)7128/92518
Charlotten-höhle	April – Oktober: Mo – Sa: 9.00 – 11.30 Uhr 13.30 – 16.30 Uhr So: 9.00 – 16.30 Uhr	Kinder bis 14 J: 2 € Erwachsene: 3,50 €	Lonetalstraße 61 89537 Giengen/Brenz Tel: +49 (0)7324/7296
Eselsburger Tal	Kann jederzeit besucht werden	frei	Talstraße 23 89542 Herbrechtingen Tel:+49 (0)7324/919431
Freizeitpark Traumland	April – September: täglich: 9.30 – 18.00 Uhr	Kinder 3–11 J: 8,50 € Erwachsene: 9,50 €	Gewann 3 78280 Sonnenbühl Tel: +49 (0)7128/2158
Glacis Stadtpark Neu-Ulm	Kann jederzeit besucht werden	frei	Verwaltung Neu-Ulm: Tel:+49 (0)731/7050444

Name	Öffnungszeiten	Eintritt/Preis	Adresse/Telefon
Hohler Fels	Mai – Oktober: täglich: 14.00 – 17.00 Uhr	Kinder: 1 € Erwachsene: 2 €	89598 Schelklingen Telefonische Führungsanmeldung unter: Tel: +49 (0)73 94/5 95 oder Tel: +49 (0)73 94/26 85
Harzerhof	Reitstunden müssen vorab telefonisch angemeldet werden	Reitstunden müssen bezahlt werden	Harzerhof 1 89231 Neu-Ulm Tel: +49 (0)73 07/3 53 53
Haupt- und Landgestüt Marbach	täglich: 8.00 – 17.00 Uhr	Einstündige Führung: Kinder: 3 € Erwachsene: 5 €	Haupt- und Landgestüt 72532 Gomadingen-Marbach Tel: +49 (0)73 85/9 69 50
Laichinger Tiefenhöhle	Karwoche – November: täglich: 9.00 – 18.00 Uhr	Kinder: 2,20 € Erwachsene: 3 €	Höhlenverein Laichingen Gartenstraße 30 89150 Laichingen Tel:+49 (0)73 33/55 86
Lonetal	Bei den verschiedenen Museen nachzufragen	unterschiedlich	
Loretto (Holzofenbäckerei und Ziegenhof)	Hofladen: Außer Dezember – März Fr, Sa, So, Feiertage : 14.00 – 18.00 Uhr Bewirtung nach Absprache	frei	Loretto 1 88529 Zwiefalten Tel: +49 (0)73 73/23 62
Parkanlage Friedrichsau	Kann jederzeit besucht werden	frei	Friedrichsau 89073 Ulm

Auf der Suche nach Tier und Natur

Name	Öffnungszeiten	Eintritt/Preis	Adresse/Telefon
Ponyhof und Märchenpark	Ostern – November: 9.00 – 18.00 Uhr	Ponyreiten: 4 € Märchenland: Kinder bis 4 J: 2,50 € Kinder ab 5 J: 3 €	Beim Ponyhof 1 89150 Laichingen-Machtolsheim Tel: +49 (0)7333/5600
Schertelshöhle	Palmsonntag bis 15. November: Sonn- & Feiertage: 10.00 – 17.00 Uhr 15. Mai bis 1. Okt. Mo – Fr: 10.00 – 17.00 Uhr	Kinder: 1,80 € Erwachsene: 2,50 €	Höhlenverein Westerheim e.V. Siedlungstr. 7 72589 Westerheim Tel: +49 (0)7333/6406
Straußenfarm Donaumoos	April – November: Mo – So: 9.00 – 17.00 Uhr	Führungen: Kinder: 1,50 € Erwachsene: 2 €	Familie Engelhardt Herdweg 2 89340 Leipheim Tel: +49 (0) 8221/273209
Tiefer Stollen	März – November: Di – Mo: 9.00 – 16.00 Uhr	Kinder (ab 4 J): 4,50 € Erwachsene: 6 €	Tiefer Stollen Erzhäusle 1 73433 Aalen-Wasseralfingen Tel: +49 (0)7361/9702-49
Wilhelma Zoologisch-Botanischer Garten	Ganzjährig ab 8.15 Uhr Schließung monatsbedingt	Kinder: 6 € Erwachsene: 12 €	Neckartalstraße 9 70376 Stuttgart Tel: +49 (0)711/54020
Zoologischer Garten Augsburg	Ganzjährig ab 9.00 Uhr Schließung monatsbedingt	Sommer: Kinder (bis 15 J): 4 € Erwachs.: 8 € Winter: Kinder (bis 15 J): 3 € Erwachs.: 6 €	Brehmplatz 1 86161 Augsburg Tel: +49 (0) 821/555031

Bowling Center

Hier im Bowlingcenter Neu-Ulm rollt die Kugel. Die große, familienfreundliche Bowlinganlage hat 20 Bahnen, ausgestattet mit der neuesten Technologie und einer coolen Licht-Sound-Anlage. Das „Kid's Time" Fun-Angebot beinhaltet 2 Bowlingspiele, 1 Paar Leihschuhe, 1 kleines Softgetränk und 1 Gericht aus der Kinderkarte plus die verdiente Urkunde. Für derzeit gerade mal 9 Euro pro Kind. Das Angebot ist täglich buchbar von 16 – 20 Uhr. Das ist doch auch mal eine tolle Idee für euren Kindergeburtstag.
Für die etwas Älteren steht außerdem eine Fun World zur Verfügung mit Internetterminals, Videospielen, Pool Billard u.v.m.

www.bowlingcenter-neu-ulm.de

Deutscher Alpenverein

Sektion Neu-Ulm

Hoch hinaus geht's an der Kletteranlage Neu-Ulm. Sie gehört dem Deutschen Alpenverein, da will klettern schließlich auch gekonnt sein! Der neue Trendsport ist gefragt. So wird in der Nähe der bestehenden Kletteranlage (12,7 Meter hoch) auf dem Wiley-Gelände auch in Neu-Ulm-Schwaighofen eine riesige Anlage (geplante Höhe: 16 Meter) gebaut. Voraussichtlich wird das neue Areal 1.900 Quadratmeter Kletterfläche im Innen- und 600 Quadratmeter im Außenbereich messen.

Tipp: Richtig klettern mit Kindern muss man üben. Deswegen stellt der DAV jung gebliebene Bergsteiger und Kletterer zur Seite, die dem Nachwuchs alle Regeln beibringen. Übrigens: die Ausrüstung stellt der DAV.
www.dav-neu-ulm.de

Kletterwald Laichingen

Von Baum zu Baum schwingen, über wackelige Brücken steigen und an Seilen Hindernisse überqueren? Dies alles und viel mehr ist möglich im Kletterwald Laichingen bei der Tiefenhöhle. 131 Elemente auf 8 Parcours bringen jede Menge Spaß und Action mit sich. Die Parcours sind nach Alter bzw. Körpergrößen eingeteilt. Das Mindestalter liegt bei 5 Jahren. Bis zu einer Höhe von 14,5 Metern könnt ihr eure Fähigkeiten testen: Von der Netzbrücke über schwankende Bohlen bis zum Tarzan-Seil sind die verschiedensten Aufgaben zu lösen. Es geht immer von Baum zu Baum, Schritt für Schritt, mit wachsendem Schwierigkeitsgrad.

www.kletterwald-laichingen.de

Waldseilgarten Wallenhausen

Ab auf die Bäume! Der Waldseilgarten Wallenhausen in der Nähe von Weißenhorn ist ein Hochseilgarten inmitten des natürlichen Baumbestandes. Sieben verschiedene Parcours für Bambinis, Einsteiger und Profis führen auf zwei bis 22 Metern Höhe quer durch den Kletterwald. Bereits ab 4 Jahren werden die Kinder hier gefordert. Wie die Großen bekommt ihr eine Kletterausrüstung angezogen. Das Personal zeigt euch die wichtigsten Sicherheitsvorschriften. Eure Eltern unterstützen euch natürlich.

Tipp: Der etwas andere Kindergeburtstag: Je nach Alter werden hier verschiedene Programmpakete angeboten. Catering möglich. www.waldseilgarten-wallenhausen.de

Erlebnispark Tripsdrill

Von Ende März bis Anfang November ist im Erlebnispark Tripsdrill eine Menge geboten. Über 100 tolle Attraktionen und jede Menge Events warten auf euch. Tripsdrill gilt als der älteste Freizeitpark Deutschlands und pflegt schwäbische Traditionen. So könnt ihr zum Beispiel in der „G'sengten Sau" rasend schnell Kurven und Loopings fahren. Toll: Zur Übernachtung stehen bequeme Schäferwagen und urige Baumhäuser bereit. Zusätzlich zum Freizeitpark gibt es auch das Wildparadies Tripsdrill: 47 Hektar Wald erkunden, hautnah wilde Tiere erleben, Deutschlands größte begehbare Flugvolière bestaunen, das alles ist möglich. Tägliche Fütterung der Tiere: 14.30 Uhr.

www.tripsdrill.de

Sternwarte und Planetarium Volkssternwarte Laupheim

Dein Weg zu den Sternen! In Laupheim sind Planetarium und Sternwarte unter einem Dach. So könnt ihr fantastische Multimedia-Shows unter dem künstlichen Sternenhimmel mit dem Naturerlebnis des echten Firmaments verbinden. Das „Sternentheater“ zeigt speziell auf Kinder zugeschnittene Reisen ins All, zum Beispiel zur Sternenfee in die Milchstraße (5 bis 8 Jahre). Oder eine kleine Weltraumtour mit Lisa, Susi und dem Sternenbär (3 bis 6 Jahre). Für Schulkinder ist „Mars in 3D“ zum Greifen nah, dank der hochmodernen Technologie absolut realistisch. In der Sternwarte kann man immer von April bis September am Sonntagnachmittag die Sonne beobachten.

www.planetarium-laupheim.de

Sensapolis
(Flugfeld Böblingen/Sindelfingen)

Spielen, Staunen, Lernen und Erleben – an 365 Tagen im Jahr. Der Indoor-Freizeitpark Sensapolis in Böblingen bietet eine tolle Mischung an spannenden Attraktionen, interaktivem Wissenszentrum und hochwertiger Gastronomie. Für jede Altersklasse. Hier kannst du klettern und rutschen, mit einem Raumschiff ins All fliegen, Piraten auf ihrer Schatzsuche unterstützen oder die geheimen Gänge eines Schlosses erkunden. Auch spannende Themen aus den Bereichen Forschung, Wissenschaft, Natur und Umwelt eröffnen dir neue Perspektiven. Echt toll! Und im Gastronomiebereich kannst du dich mit Gerichten aus biologischen Zutaten der Region verwöhnen lassen. www.sensapolis.de

Minigolfanlagen

In Ulm, um Ulm und um Ulm herum gibt es viele Minigolfanlagen. In der Ulmer Friedrichsau (Seite 47), in Wiblingen am Binsenweiher, im Sendener Stadtpark, in Westerheim, Ehingen, Langenau, Erbach usw. Indoor-Minigolfen geht im Freizeitpark Poolice in Dornstadt. www.alb-donau-kreis.de; www.tourismus.ulm.de; www.stadt-senden.de

Reithalle Ulm (Skaterhalle)

Hier gibt's Fun pur auf 900 Quadratmetern! Ulm hat etwas, wovon Jugendliche in anderen Städten nur träumen können: Ein Paradies für Skater, Inliner und BMX-ler. In der Ulmer Skaterhalle „Reithalle" finden außerdem regelmäßig Contests statt. www.reithalle-ulm.de

Solarboot auf der Donau

Eine Bootsfahrt der anderen Art bietet das Solarboot auf der Donau. Es verkehrt zwischen dem Metzgerturm und der Adlerbastei in Ulm sowie dem Neu-Ulmer Barfüßer und der Friedrichsau. So könnt ihr Ulm mal von einer anderen Perspektive aus betrachten. www.tourismus.ulm.de

Solarfähre

Einmal kurz über die Donau und auch wieder zurück: Für nur 1 Euro pro Strecke pendelt die Solarfähre zwischen dem Ulmer Fischerplätzle und dem Neu-Ulmer Mövenpick. Sie wird ausschließlich mit regenerativer Energie betrieben.

www.solarfaehre-ulm.de

Schiffsrundfahrten auf der Donau

Zwischen Mai und Oktober schippern täglich das nostalgische Panoramaschiff „Ulmer Spatz" und die MS Donau die Donau entlang. Der Kapitän erzählt interessante Geschichten über die beiden Donaustädte. Genießt die Fahrt und beobachtet dabei die Wasservögel. www.schifffahrt-ulm.de

Eislaufanlagen Neu-Ulm/Ulm

Eislaufspaß für alle! In der Eishalle und auf der Freiflächenpiste von der Eislaufanlage Donaubad in Neu-Ulm stehen Spaß und Sport an erster Stelle. Geöffnet von Oktober bis März. Für das leibliche Wohl sorgen ein Kiosk und ein Restaurant auf den Eislaufanlagen. Schlittschuhverleih vorhanden. www.ulm.de

Eislaufanlage Illerau

Die Eislaufanlage in der Sendener „Illerau" ist der Treffpunkt für junge Leute. Die Halle hat vom 1. Oktober bis zum 31. März geöffnet. Leiht euch die Schlittschuhe aus, oder bringt eure eigenen Kufen mit. Viel Spaß! www.stadt-senden.de

Allgäu Skyline Park

Jede Menge Familien-Highlights bietet der Allgäu Skyline Park bei Bad Wörishofen. Der größte Autoscooter Deutschlands, das Wasserrutschenspaßbad, Bauchkribbel-Rafting, eurem Spaß sind keine Grenzen gesetzt.

www.skylinepark.de

Legoland

So groß wie 26 Fußballfelder ist das Günzburger Legoland. Jeder der acht Themenbereiche spricht kleine und große Helden gleichermaßen an. Herzstück des Parks ist das Miniland. Mit über 25 Millionen Legosteinen sind hier ganze Städte nachgebaut. www.legoland.de

KikiMondo – Das Abenteuerland

Die Urwaldinsel KikiMondo liegt im Norden Günzburgs. Ihre über 3.500 Quadratmeter große Spielfläche wird gerne von kleinen Piraten, Affen oder sonstigen Inselbewohnern geentert. Denn viele Spielbereiche laden zum Hopsen, Balancieren und Fahren wie auch zur Schatzsuche ein. www.kikimondo.de

Ravensburger Spieleland

Das blaue Dreieck kennt jeder. Doch kennt ihr auch das Ravensburger Spieleland? Sieben Themenwelten mit über 50 Attraktionen warten auf euch. Familien mit Kindern von 2 bis 14 Jahren können hier in verschiedenen Welten aktiv mitspielen und gemeinsam etwas erleben. www.spieleland.de

Freizeitpark Traumland

Marienkäferbahn, Kettenflieger, ein verhextes Schloss, fliegende Ballons, Oldtimerbahn, Raupenbahn, ein Märchenwald, Minihüpfburg – für jedes Alter ist etwas geboten im Traumland, dem Freizeitpark neben der Bärenhöhle (siehe Seite 53). www.freizeitpark-traumland.de

Hier kann ich so richtig toben!

Schwabenpark

Affenstark! Im Schwabenpark, zwischen Schwäbisch Gmünd und Schwäbisch Hall gelegen, gibt's die einzige Schimpansenshow Deutschlands. Und natürlich jede Menge unterhaltsamer (Fahr-)Attraktionen. Günstiger Familientag am Freitag. www.schwabenpark.de

Die Jugendfarm

Spannende und abwechslungsreiche Ferien für Sechs- bis Zwölfjährige bietet die Jugendfarm Ulm e.V. Sie ist ein Aktivspielplatz mit Tierhaltung unter pädagogischer Betreuung. Pferde, Esel, Ziegen, Schafe usw. werden in den Ferienfreizeiten von euch selbst gepflegt. www.soziale-ressourcen-ulm.de

Kinderferienerholung Ruhetal

Ruhe im Ruhetal? Aber nicht in den Ferien! Bewegung, Basteln, Spiele und Wettkämpfe stehen täglich auf dem Programm der Ferienfreizeit Ruhetal. In den Sommerferien werden hier nahezu 1000 Kinder betreut.

www.ruhetal.de

StadtRandErholung Senden

Ein Bauspielplatz, Bastelprogramme, ein großer Abenteuerspielplatz, das Spiel des Tages, Stadtrallye, Großspiele, Kino- und Schwimmbadbesuche, Ausflüge – es ist viel geboten bei der Stadtranderholung in Senden.

www.sre-senden.de

MoNa SpielSpassPark

(Indoorspielplatz)

Stoppersocken sind Pflicht für Klein und Groß im Neu-Ulmer-Indoor-Spielplatz MoNa SpielSpassPark. Auf 1.600 Quadratmetern könnt ihr Spaß und Freude haben – gemeinsam mit euren Eltern. Die Attraktionen sind auf die ganze Familie ausgerichtet.

www.mona-spielspasspark.com

Name	Öffnungszeiten	Eintritt/Preis	Adresse/Telefon
Allgäu Skyline Park	März – Oktober: saisonbedingt	Kinder (ab 1 Meter): 15 € Erwachsene: 18 € Familien: 55 €	Im Hartfeld 1 86825 Bad Wöris-hofen Tel: +49 (0)180/5884880
Bowling Center	So – Do: 16.00 – 1.00 Uhr Fr & Sa: 16.00 – 3.00 Uhr	Pro Spiel : 16.00 – 20.00 Uhr 2,20 €	Steubenstraße 2 89231 Neu-Ulm Tel: +49 (0)731/707010
Deutscher Alpenverein Sektion Neu-Ulm/ Kletteranlage	Di, Mi, Fr: 18.00 – 22.00 Uhr Sa: 13.00 – 21.00 Uhr So: 14.00 – 18.00 Uhr	Tageskarte: Kinder: 5 € Erwachsene: 9 €	John-F.-Kennedy Straße 24 89231 Neu-Ulm Tel: +49 (0)7348/21836
Die Jugend-farm e.V.	Di – Fr: 15.00 – 17.00 Uhr Sa: 11.00 – 17.00 Uhr	frei	Weststadt Haus Moltkestr. 10 89077 Ulm Anmeldung unter: Tel: +49 (0)731/34042
Erlebnispark Tripsdrill GmbH & Co. KG	März – November: täglich: 9.00 – 18.00 Uhr	Tageskarte: Kinder: 18,50 € Erwachsene: 22,50 €	Erlebnispark Tripsdrill 74389 Cleebronn Tel: +49 (0)7135/9999
Eislauf-anlagen Neu-Ulm/Ulm	Oktober – März: Mo: 9.00 – 15.30 Uhr Di – Sa: 9.00 – 22.00 Uhr So: 9.30 – 21.30 Uhr	Tageskarte: Kinder (ab 6 J): 2,50 € Erwachsene: 4 € Familien: 9 €	Wiblinger Straße 55 89231 Neu-Ulm Tel: +49 (0)731/945833-0

Hier kann ich so richtig toben!

Name	Öffnungszeiten	Eintritt/Preis	Adresse/Telefon
Eislaufanlage Illerau	Oktober – März: Mo: 9.00 – 17.45 Uhr Di, Do: 9.00 – 13.00 Uhr Mi, Fr: 9.00 – 21.00 Uhr Sa: 12.00 – 20.00 Uhr So: 9.00 – 20.00 Uhr		Illerstraße 63 89250 Senden Tel: +49 (0)7307/32466
Freizeitpark Traumland	April – September: täglich: 9.30 – 18.00 Uhr	Kinder 3–11 J: 8,50 € Erwachsene: 9,50 €	Gewann 3 78280 Sonnenbühl Tel: +49 (0)7128/2158
KikiMondo – Das Abenteuerland	Mo – Fr: 14.00 – 19.00 Uhr Sa, So: 10.00 – 19.00 Uhr	Kinder: 6 € Erwachsene: 3,50 € Familie: 15 €	Heidenheimer Str. 64 89312 Günzburg Tel: +49 (0) 8221/2047365
Kinderferienerholung Ruhetal	Anmeldung erforderlich	Je nach Angebot	Ruhetal 18 89081 Ulm Tel: +49 (0)731/9501470
Kletterwald Laichingen GmbH	saisonabhängig	Kinder bis 7 J: 8 € Bis 15 J: 13 € Erwachsene: 19 €	Am Mehldorn 5 89150 Laichingen Tel: +49 (0)7333/95001-0

Name	Öffnungszeiten	Eintritt/Preis	Adresse/Telefon
LEGOLAND Deutschland Freizeitpark GmbH	März – November: saisonbedingt	Kinder (bis 11 J): 27,20 € Erwachsene: 30,60 €	Legolandallee 89312 Günzburg Tel: +49 180/57007 5701
Minigolf-anlagen	Bei den jeweiligen Anlagen zu erfragen		
MoNa Spiel SpassPark (Indoorspielplatz)	Mo – Fr: 13.00 – 19.00 Uhr Sa, So: 10.00 – 19.00 Uhr	Kinder: 7 € Erwachsene: 3,50	Im Starkfeld 47 89231 Neu Ulm Tel: +49 (0)731/802 38 13
Ravensburger Spieleland AG	April – Oktober: saisonabhängig	Kinder: 21,50 € Erwachsene: 23,50 €	Ravensburger Spieleland AG Am Hangenwald 1 88074 Meckenbeuren Tel: +49 (0)7542/400-0
Reithalle Ulm (Skaterhalle)	Mi, Fr: 15.00 – 21.00 Uhr Do: 17.00 – 21.00 Uhr Sa, So: 13.00 – 21.00 Uhr	Tageskarte: 3 €	Schillerstr. 1 89077 Ulm Tel: +49 (0)731/602 65 68
SENSAPOLIS GmbH (Flugfeld Böblingen/Sindelfingen)	Mo – Fr: 12.00 – 20.00 Uhr Sa, So: 10.00 – 20.00 Uhr	Tageskarte: 12 €	Melli-Beese-Straße 71063 Sindelfingen Tel: +49 (0)7031/20485-30
Schiffsrundfahrten auf der Donau	Mai – Oktober: 14.00 & 15.15 Uhr	Kinder: 5 € Erwachsene: 8 €	Abfahrtsort: Ulm, Nähe Metzgerturm Tel: +49 (0)731/62751

Hier kann ich so richtig toben!

Name	Öffnungszeiten	Eintritt/Preis	Adresse/Telefon
Solarboot auf der Donau	Mai, Juni, September: Sa, So: Juli – August: Täglich Stündlich von: ca.14.00 – 17.00 Uhr	Erwachsene (ab 14): 1,50 €	Abfahrtsorte: Ulm Metzgerturm Barfüßer Adlerbastei Friedrichsau Tel: +49 (0)731/161-6089
Solarfähre	Mai, Juni, September: Sa, So: 10.00 – 19.00 Uhr Juli – August Täglich 14.00 – 18.00 Uhr	1 €	Münchnerstr. 2 89073 Ulm Tel: +49 (0)731/161-6087
StadtRand-Erholung Senden	saisonabhängig	Anmeldung erforderlich	Anmeldung bei: Stadt Senden Hauptstraße 34
Sternwarte & Planetarium Volkssternwarte Laupheim e.V.	Jeweils zu den Vorstellungen	Kinder: 4,00 € Erwachsene: 6,00 €	Milchstraße 1 88471 Laupheim Tel: +49 (0)7392/91059
Schwabenpark	März – November: Täglich: 9.00 – 18.00 Uhr	Kinder: 15,50 € Erwachsene: 18,50 €	Hofwiesen 11 73667 Kaisersbach Tel: +49 (0)7182/936100
Waldseilgarten Wallenhausen GbR	So: 10.00 – 19.00 Uhr	Kinder: 10 € Erwachsene: 18 €	Habsburgerstr. 59 89264 Wallenhausen Tel: +49 (0)7309/4259-59

Familienausflug

Wir sind das Familienkino in Ulm!

Auf 5 Stockwerken, mit 1800 Sitzplätzen und hohen technischen Standards bieten wir auch unseren Kleinen ganz großen Kinogenuss mitten im Herzen Ulms.

Bei uns wird Familie GROß geschrieben. Speziell ausgewählte Filme mit diesem Zeichen

bieten wir für Jung und Alt vor 18:00 Uhr zum speziellen Familienpreis an.

Also nichts wie los, wir freuen uns auf Ihren Besuch!

PS: Auch in den Ferien erhalten alle Schüler und Kinder vor 18:00 Uhr einen Rabatt auf den Kinoeintritt und genießen spezielle Angebote an der Popcorntheke!

Kinoerlebnis im Herzen Ulms XINEDOME

Xinedome

Das Xinedome liegt schräg gegenüber vom Ulmer Hauptbahnhof: 8 Kinosäle locken!
Reservierungshotline: 07 31 / 1 40 20-20

Lichtburg, Obscura, Mephisto

Die Kinos Lichtburg, Obscura und Mephisto in der Ulmer Innenstadt spielen Filme, die sonst in der Masse der Neustarts untergehen.
Lichtburg: 07 31 / 6 54 00
Obscura: 07 31 / 6 02 28 58 Mephisto: 07 31 / 6 02 12 18

Dietrich Theater

Für's Familienkino bietet das Dietrich Theater in Neu-Ulm die KIKO-Club-Bonuskarte an. Hier gelten viele Vorteile für Kids von 3 bis 12 Jahren.
Info: 0 18 05 / 9 85 55 98

Ulmer Theater

Hier wird's kulturell! Das Ulmer Theater hat über 800 Sitzplätze. Oper, Operette, Ballett und Schauspiel wird nicht nur für die Großen aufgeführt, sondern auch für die Kinder und Jugendlichen gibt es ein wechselndes buntes Programm.

www.theater.ulm.de

Erstes Ulmer Kasperle Theater

Tri Tra Trulalla – wart ihr schon mal da? Wenn nicht müsst ihr auf jeden Fall dem ersten Ulmer Kasperle Theater einen Besuch abstatten.

Ganz zentral in der Ulmer Büchsengasse gelegen werden ständig wechselnde Stücke gespielt. Schon für Kinder ab 2 Jahren!

www.kasperletheaterulm.de

Kindertheater-Werkstatt Ulm (im Donauschwäbischen Zentralmuseum-Donaubastion im zweiten OG)

Bunte Unterhaltung wird in der Kindertheater-Werkstatt Ulm geboten. Kinder ab 3 Jahren werden hier von Magiern und Clowns verzaubert. Märchen und Mitmachtheater sind weitere interessante Programmpunkte. www.tourismus.ulm.de

Ulmer Spielschachtel

Das Kinder- und Familientheater „Ulmer Spielschachtel" gehört zur Kulturszene der jungen Ulmer. Hier spielen Kinder für Kinder Theater und Marionettentheater. Im Kinderzirkus können Kinder Varietékünste lernen und auf der Bühne präsentieren.

www.ulmerspielschachtel.de

Topolino Figurentheater
(Musikschule Neu-Ulm)

Das Topolino-Figurentheater in Neu-Ulm wird euch mit einer Mischung aus Figuren, Schauspiel und viel Musik begeistern. Mit Kreativität und Fantasie werden über 300 Marionetten, Figuren, Stabpuppen und Masken zum Leben erweckt. www.topolino-figurentheater.de

Puppentheater Schlabbergosch

Kasperl und seine schwäbische Großmutter erleben hier eine Menge spannender Abenteuer, die Kindern Mut machen. www.puppen-theaterschlabbergosch.de

Theater vom Bügelbrett

Eine originelle (Wander-)Bühne: Das Theater vom Bügelbrett! Märchen aus aller Welt, Geschichten aus der Bibel oder von besonderen Menschen verzaubern euch. www.christine-klawikowski.de

FiThea

Studenten der Akademie für darstellende Kunst zeigen in ihrem Figurentheater FiThea liebevoll inszenierte Stücke. Ein buntes Repertoire wartet auf euch. www.fithea.de

Charivari

Die Begegnungsstätte Charivari bietet ein abwechslungsreiches Kinder-, Familien- und Jugendprogramm. Das Programm ist immer aktuell abzufragen, da die Veranstaltungen nicht regelmäßig sind. Gerade „der blaue Mittwoch" ist für Kinder von 6 bis 10 Jahren ausgerichtet. www.ulm.de

Junge Bühne

Das Kinder- und Jugendtheater „Die Bühne" im alten Theater in Ulm, das junge Akademietheater und Serrando, der Ulmer Verein für Zirkuskünste, bieten euch eine bunte Palette an Unterhaltung. www.jungebuehne-ulm.de

Sehen und Erleben – Kino und Theater

Name Kino	Öffnungs-zeiten	Eintritt/Preis	Adresse/Telefon
Dietrich Theater	Jeweils zu den Vorstellungen	Kartenreservierung unter: +49 01805/9855598	Marlene-Dietrich-Str. 11 89231 Neu-Ulm Tel:+49 (0)731/9855-598
Lichtburg, Obscura, Mephisto	Jeweils zu den Vorstellungen	Kartenreservierung unter jeweiliger Telefonnummer möglich	Lichtburg Frauenstraße 61 89073 Ulm Tel:+49 (0)731/65400 Mephisto Rosengasse 15 89077 Ulm Tel: +49 (0)731/6021218 Obscura Schillerstraße 1/12 89077 Ulm Tel: +49 (0)731/6022858
Xinedome	Jeweils zu den Vorstellungen	Kartenreservierung unter Telefonnummer möglich	Am Lederhof 1 89073 Ulm Tel: +49 (0)731/1402020

Name Theater	Öffnungs-zeiten	Eintritt/Preis	Adresse/Telefon
Charivari	Jeweils zu den Vorstellungen		Stuttgarter Straße 13 89075 Ulm Tel: +49 (0)731/1761092
FiThea	Jeweils zu den Vorstellungen ab 15.00 Uhr		ADK Ulm Fort Unterer Kuhberg 12 89073 Ulm Tel: +49 (0)731/387531
Junge Bühne Ulm	Jeweils zu den Vorstellungen	Kindertheater: 5 € Jugendtheater: Kinder: 6 € Erwachsene: 12 €	Altes Theater Wagnerstr. 1 89077 Ulm Tel: +49 (0)731/161-4724

Name Theater	Öffnungs-zeiten	Eintritt/Preis	Adresse/Telefon
Kindertheater Werkstatt Ulm	Jeweils zu den Vorstellungen		KindertheaterWerkstatt, Schillerstraße 1 89077 Ulm Donaubastion 2. Obergeschoss
Puppentheater Schlabbergosch	Jeweils zu den Vorstellungen		Christine und Mark Klawikowski Juraweg 3 89275 Elchingen Tel: +49 (0)731/264272
Topolino Figurentheater	Jeweils zu den Vorstellungen	5 € pro Person	Kettelerstraße 5 89233 Neu-Ulm Tel: +49 (0)731/713800
Theater vom Bügelbrett	Jeweils zu den Vorstellungen		Christine Klawikowski Juraweg 3 89275 Elchingen Tel: +49 (0)731/267638
Ulmer Spielschachtel	Jeweils zu den Vorstellungen	Kinder: 5,50 € Erwachsene: 6 €	Unterer Kuhberg 10 89077 Ulm Tel: +49 (0)731/31506
Ulmer Theater	Jeweils zu den Vorstellungen	Abhängig von Sitzplatz und Vorstellung	Herbert-von-Karajan-Platz 1 89073 Ulm Tel:+49 (0)731/1614444
Ulmer Kasperle Theater	Jeweils zu den Vorstellungen		Büchsengasse 3 89073 Ulm Tel. +49 (0)731/602264

Schwäbische Küche

Spätzle mit Soß' ist die Lieblingsspeise vieler Kinder. Doch die schwäbische Küche hat noch viel mehr zu bieten. Und international essen wir auch gerne! In Ulm und Neu-Ulm gibt es deshalb nicht nur Fast Food & Co., sondern richtig schöne Lokale für jeden Geschmack. Restaurant-Tipps findet ihr unter www.tourismus.ulm.de

Rezept für Kinder

Schwäbische Lasagne ist total lecker! Lasst euch beim nächsten Einkauf mitbringen: 3 Päckchen Maultaschen, 500 ml gewürzte Tomatensoße aus dem Glas sowie 300 Gramm geriebenen Käse zum Überbacken. Dann geht's an die Zubereitung – Händewaschen nicht vergessen! Die Maultaschen auspacken und in eine feuerfeste Form legen. Die Tomatensoße darüber gießen und mit dem Käse bestreuen.
Im Ofen bei 180° C 30 Minuten backen. Guten Appetit!

Kinderpark

Und wenn euch das Shoppen mal zu langweilig wird? Kein Problem, dafür gibt's den Kinderpark Ulm e.V. Zentral gelegen in der Ulmergasse 9 wird hier eine Kurzzeitbetreuung für Kinder von 1 bis 8 Jahren angeboten. Auf drei Etagen und rund 120 Quadratmetern könnt ihr hier nach Herzenslust spielen.

Tipp: Ihr habt die Möglichkeit, die Räume auch für euren Kindergeburtstag zu mieten. www.ulmer-city.ev.de oder www.kinderpark-ulm.de
Auch im Blautalcenter, der großen Indoor-Shopping-Mall auf der Straße Richtung Blaustein, könnt ihr euch anderweitig beschäftigen. Hier gibt es einen Spielplatz und ein Kinderkino. www.blautalcenter.de

Shopping

Einkaufen in Ulm/Neu-Ulm ist ein abwechslungsreiches Erlebnis. Einerseits gibt es die belebte Hirschstraße in Ulm und ihre schönen Seitengassen mit vielen individuellen Fachgeschäften. Andererseits das beschauliche Fischerviertel mit Galerien und Antiquitätenläden. Dann gibt's auch das Blautalcenter, eine riesige Shopping Mall, an der ebenfalls mit vielen Fachmärkten ausgestatteten Blaubeurer Straße gelegen. Es ist die überdachte Variante einer großen Fußgängerzone und nicht nur bei Schlechtwetter angenehm. Das Zentrum der Neu-Ulmer Innenstadt ist die Augsburger Straße. Zwischen Petrus-Platz und Augsburgertor-Platz warten jede Menge Geschäfte auf euch.

www.tourismus.ulm.de

Ulmer und Neu-Ulmer Innenstadt

1 Stadtführungen
2 Ulmer Münster
3 Rathaus Ulm
4 Metzgerturm
6 Feuerwehr Ulm
7 Fischerviertel
8 Bastion Lauseck/ Wilhelmshöhe
10 Schiefes Haus
11 Wasserturm, Neu-Ulm

16 Ulmer Museum
17 Donauschwäbisches Zentralmuseum
18 Naturkundliches Bildungszentrum
19 Deutsches Brotmuseum
20 Kindermuseum im Edwin Scharff Museum
22 Haus der Stadtgeschichte
23 Wassermuseum
24 Kunsthalle Weishaupt

25 Stadtbibliothek Ulm
26 Stadtbücherei Neu-Ulm
27 Gondrom
28 Hugendubel
30 Buchhandlung Herwig
31 Ulmer Bücherstube Jastram

69 Bowling Center
77 Reithalle, Ulm
78 Solarboot auf der Donau
79 Solarfähre
80 Schiffsrundfahrten auf der Donau

93 Xinedome, Ulm
94 Lichtburg
95 Mephisto
96 Obscura
98 Ulmer Theater, Ulm
99 Erstes Ulmer Kasperle Theater, Ulm
100 Kindertheater-Werkstatt, Ulm
106 Charivari, Ulm

108 Kinderpark, Ulm
110 Drei Kannen, Ulm
112 Einstein, Ulm
113 Tanivera, Ulm
114 Café Jam, Ulm
116 Ratskeller, Ulm

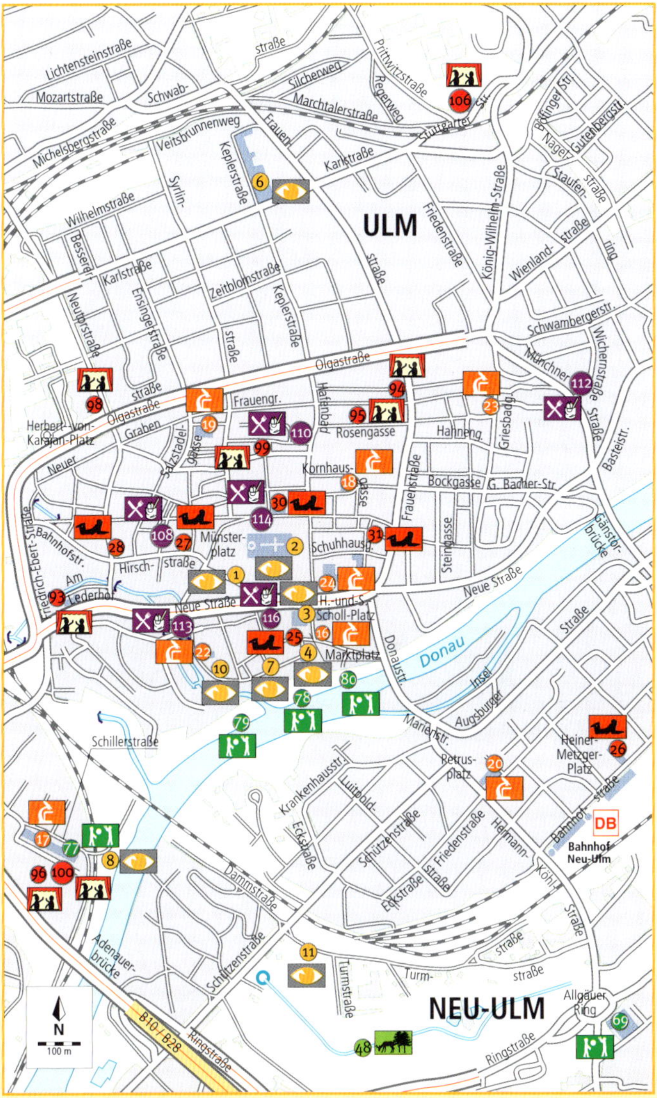

ULM
NEU-ULM
Lichtensteinstraße
Mozartstraße
Schwab-
straße
Silcherweg
Marchtalerstraße
Prittwitzstraße
Regerweg
Stuttgarter Str.
Michelsbergstraße
Veitsbrunnenweg
Keplerstraße
Frauen
Karlstraße
Syrlin-
Wilhelmstraße
Besserer
Karlstraße
Zeitblomstraße
Friedenstraße
König-Wilhelm-Straße
Böfinger Str.
Nagel
Gutenbergstr.
Staufen-
straße
ring
Wienland-
straße
Neutorstraße
Ensingerstraße
Schwambergerstr.
Münchner
Wichernstraße
Olgastraße
Herbert-von-Karajan-Platz
Graben
Frauengr.
Hafenbad
Rosengasse
Hahneng.
Griesbadg.
Basteistr.
Neuer
Salzstadel-
gasse
Kornhaus-
gasse
Frauenstraße
Bockgasse
G. Bacher-Str.
Friedrich-Ebert-Straße
Bahnhofstr.
Münster-
platz
Schuhhausg.
Steingasse
Gänstor-
brücke
Hirsch-
Am
Lederhof
Neue Straße
H.-und-S.-
Scholl-Platz
Marktplatz
Donaustr.
Donau
Insel
Augsburger
Marienstr.
Heiner-
Metzger-
Platz
Schillerstraße
Petrus-
platz
Krankenhausstr.
Luitpold-
Eckstraße
Schützenstraße
Friedenstraße
Hermann-
Köhl-
Straße
Bahnhof-
straße
DB
Bahnhof
Neu-Ulm
Dammstraße
Eckstraße
Adenauer-
brücke
Schützenstraße
Turmstraße
Turm-
straße
Allgäuer
Ring
B10 / B28
Ringstraße
N
100 m
106
6
94
95
98
112
23
19
110
99
18
30
114
108
27
28
2
31
1
24
93
113
116
3
16
25
22
4
10
7
80
78
79
26
20
17
77
8
96
100
11
48
69

Rund um Ulm und Neu-Ulm

5 Wilhelmsburg
6 Feuerwehr Ulm
9 Kloster Wiblingen

12 Museum im Konventbau, Wiblingen

36 Westbad
37 Lothar-Schultheiß-Bad
38 Donaubad Neu-Ulm
39 Hallenbad Neu-Ulm
41 Ludwigsfelder See
42 Pfuhler See

46 Parkanlage Friedrichsau
47 Tiergarten Ulm
49 Botanischer Garten, Universität Ulm
67 Harzerhof

70 Deutscher Alpenverein
76 Minigolfanlagen
78 Solarboot auf der Donau
81 Eislaufanlagen Neu-Ulm/Ulm
89 Die Jugendfarm e.V.
90 Kinderferienerholung Ruhetal
91 Stadtranderholung Senden
92 MoNa SpielSpassPark, Neu-Ulm

97 Dietrich Theater, Neu-Ulm
101 Ulmer Spielschachtel, Unterer Kuhberg
102 Topolino Figurentheater, Neu-Ulm
105 FiThea, Unterer Kuhberg
107 Junge Bühne, Ulm

109 Schlössle, Neu-Ulm
111 Barfüßer, Neu-Ulm
115 Olympia, Neu-Ulm-Offenhausen

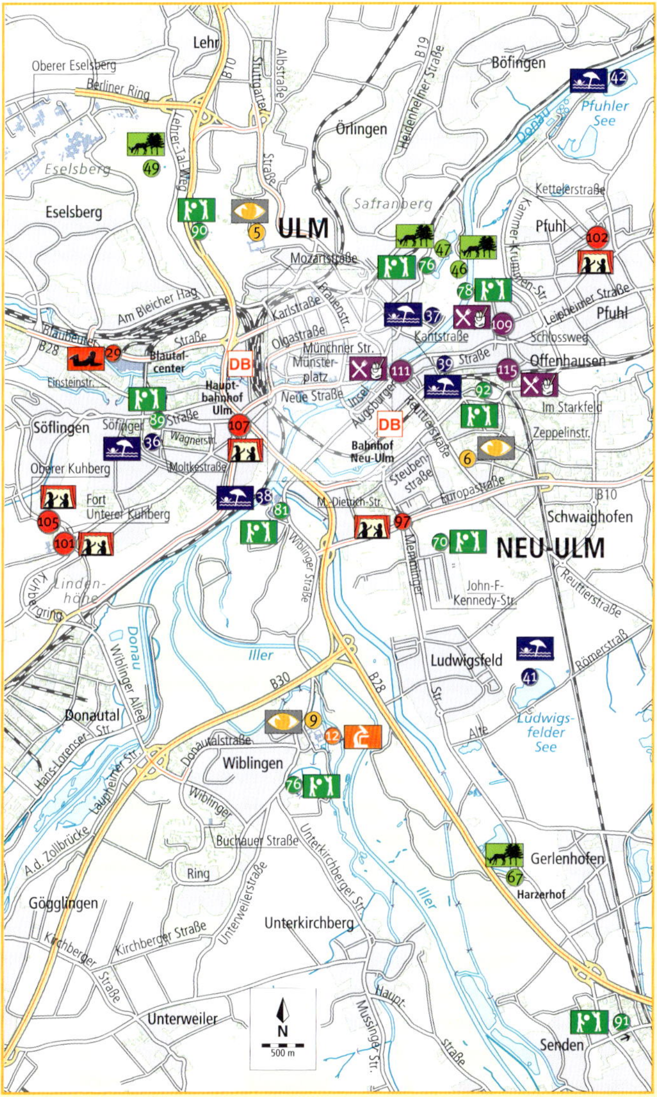
Lehr
Oberer Eselsberg
Berliner Ring
B10
Stuttgarter Straße
Albstraße
B19
Heidenheimer Straße
Böfingen
Pfuhler See
Donau
Örlingen
Eselsberg
Lehrer-Tal-Weg
Safranberg
ULM
Kettelerstraße
Kammer-Krummen-Str.
Pfuhl
Mozartstraße
Frauenstr.
Karlstraße
Am Bleicher Hag
Blaubeurer Straße
B28
Blautal-center
Olgastraße
Kantstraße
Leipheimer Straße
Schlossweg
Münchner Str.
Münster-platz
Straße
Offenhausen
Einsteinstr.
Haupt-bahnhof Ulm
Neue Straße
Insel
Augsburger
Reuttierstraße
Im Starkfeld
Söflingen
Söflinger Straße
Wagnerstr.
Bahnhof Neu-Ulm
Zeppelinstr.
Oberer Kuhberg
Moltkestraße
Steubenstraße
Europastraße
B10
Fort Unterer Kuhberg
M.-Dietrich-Str.
Schwaighofen
NEU-ULM
Memminger
Wiblinger Straße
Linden-höhe
Kuhberg ring
John-F-Kennedy-Str.
Reuttierstraße
Donau
Wiblinger Allee
Iller
Ludwigsfeld
Römerstraße
B30
B28
Str.
Donautal
Alte
Ludwigs-felder See
Hans-Lorenser-Str.
Donautalstraße
Wiblingen
Laupheimer Str.
Wiblinger
A.d. Zollbrücke
Buchauer Straße
Unterkirchberger Str.
Ring
Iller
Gerlenhofen
Harzerhof
Gögglingen
Unterweilerstraße
Unterkirchberg
Kirchberger Straße
Kirchberger Straße
Haupt-straße
Mussinger Str.
Unterweiler
N
500 m
Senden
DB
49
90
5
47
76
46
102
78
37
109
29
111
39
115
92
89
107
36
6
38
81
105
97
101
70
42
41
9
12
76
67
91

Ausflugsziele in Baden-Württemberg und Bayern

13 Knopfmuseum, Warthausen
14 Steiff-Museum, Giengen
15 Kino- und Filmmuseum, Biberach
21 Museum Hammerschmiede (am Blautopf)

32 Städtisches Freibad Weißenhorn
33 Bad Blau
34 HellensteinBad Aquarena
35 Jordanbad
40 Freizeitbad Nautilla
43 Unterelchinger See
44 Sendener Waldsee
45 Vöhringer See

50 Blautopf
51 Laichinger Tiefenhöhle
52 Bärenhöhle
53 Charlottenhöhle
54 Schertelshöhle
55 Lonetal
56 Eselsburger Tal
57 Haupt- und Landgestüt Marbach
58 Wilhelma Zoologisch-Botanischer Garten, Stuttgart
59 Zoologischer Garten Augsburg GmbH
60 Loretto
61 Hohler Fels
62 Wimsener Höhle
63 Sontheimer Höhle

64 Straußenfarm Donaumoos
65 Freizeitpark Traumland GbR
66 Ponyhof und Märchenpark
68 Tiefer Stollen

71 Kletterwald Laichingen GmbH
72 Waldseilgarten Wallenhausen GbR
73 Erlebnispark Tripsdrill GmbH & Co.KG
74 Sternwarte und Planetarium, Volkssternwarte Laupheim
75 Sensapolis (Flugfeld Böblingen/Sindelfingen)
76 Minigolfanlagen
82 Eislaufanlage Illerau, Senden
83 Allgäu Skyline Park, Bad Wörishofen
84 LEGOLAND Deutschland Freizeitpark GmbH
85 KikiMondo - Das Abenteuerland
86 Ravensburger Spieleland AG
87 Freizeitpark Traumland GbR
88 Schwabenpark

103 Puppentheater Schlabbergosch, Elchingen
104 Theater vom Bügelbrett, Elchingen

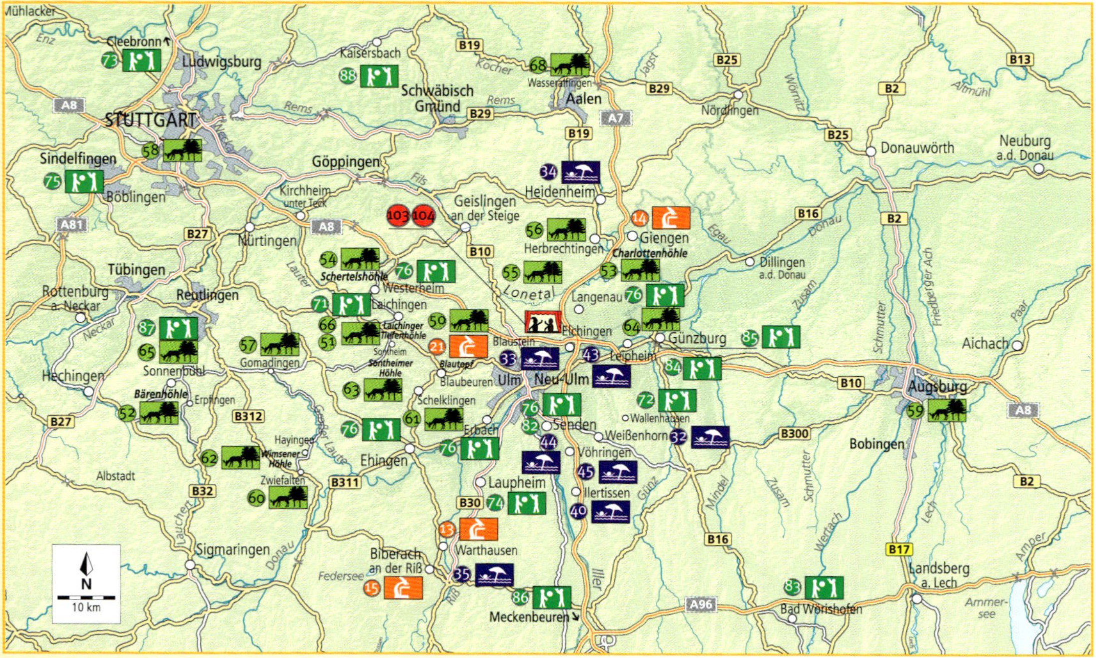

Mühlacker
Cleebronn
Ludwigsburg
Kaisersbach
Schwäbisch Gmünd
Wasseralfingen
Aalen
Nördlingen
Donauwörth
Neuburg a.d. Donau
STUTTGART
Sindelfingen
Böblingen
Göppingen
Kirchheim unter Teck
Nürtingen
Geislingen an der Steige
Heidenheim
Giengen
Herbrechtingen
Charlottenhöhle
Dillingen a.d. Donau
Tübingen
Rottenburg a. Neckar
Reutlingen
Schertelshöhle
Westerheim
Laichingen
Laichinger Tiefenhöhle
Loneta l
Langenau
Elchingen
Günzburg
Aichach
Hechingen
Sonnenbühl
Gomadingen
Sontheim
Sontheimer Höhle
Blaustein
Blautopf
Blaubeuren
Ulm
Neu-Ulm
Leipheim
Augsburg
Bärenhöhle
Erpfingen
Schelklingen
Wallenhausen
Senden
Weißenhorn
Bobingen
Hayingen
Wimsener Höhle
Ehingen
Erbach
Vöhringen
Albstadt
Zwiefalten
Laupheim
Illertissen
Sigmaringen
Warthausen
Biberach an der Riß
Federsee
Meckenbeuren
Landsberg a. Lech
Bad Wörishofen
Ammersee
N
10 km

Liniennetz der SWU Verkehr

Legende

- 1 Straßenbahn-Endhaltestelle
- 6 6 Bus-Endhaltestelle / zeitweise
- Haltestelle
- Haltestelle in einer Richtung
- Linienverlauf zeitweise
- Fahrzeug wechselt die Linie; Weiterfahrt im selben Fahrzeug möglich
- MOBIL SAM Hier erhalten Sie Anschluss an ein MobilSAM (nur nach telefonischer Vorbestellung; siehe MobilSAM-Pocketfahrplan)
- CS CarSharing-Standort (weitere Infos unter www.confishare.de)
- CAR 2GO car2go-Parkspots (weitere Infos unter www.car2go.com)
- P+R Park&Ride-Platz
- SWU-Fahrscheinautomat
- Niederflurhaltestelle
- SWU KundenCenter SWU traffiti, Münsterplatz 50 (Stadthaus), 89073 Ulm ab 19.04.2010: Neue Straße 79 (im ServiceCenter Neue Mitte) Telefon 0731 166-2124

Gültig ab 13.12.2009

In den Nächten Freitag/Samstag, Samstag/Sonntag und vor Feiertagen wird ein spezielles Nachtliniennetz bedient; siehe NachtBus-Pocketfahrplan.

Diesen Plan gibt es auch als Download unter www.swu.de.

Dieses Buch entstand in Kooperation des Medienhauses SÜDWEST PRESSE und des Verlags Oertel+Spörer in Reutlingen. Die Freizeittipps sind das Ergebnis einer Fragebogenaktion unter Ulmer und Neu-Ulmer Kindern.
Eine Haftung des Verlags und seiner Beauftragten für Personen-, Sach- und Vermögensschäden sowie für Vollständigkeit, Richtigkeit und Aktualität ist ausgeschlossen.

Bilder:
Medienhaus SÜDWEST PRESSE Ulm

Darstellung Karten: © Anneli Nau, München

Bibliographische Information der Deutschen Nationalbibliothek:
Die Deutsche Nationalbibliothek verzeichnet diese Publikation in der Deutschen Nationalbibliografie; detaillierte Daten sind im Internet über http://dnb.d-nb.de abrufbar.

Besuchen Sie uns im Internet unter: www.oertel-spoerer.de
© Verlag: OERTEL+SPÖRER
Verlags-GmbH+Co. KG
Beutterstr. 10
72764 Reutlingen
Postfach 16 42
72706 Reutlingen

Idee und Innengestaltung: PMP Agentur für Kommunikation, Reutlingen
Umschlaggestaltung: PMP Agentur für Kommunikation, Reutlingen
Bertele Büro für Gestaltung, Tübingen
Layout und Repro: Uhl + Massopust GmbH, Aalen
Druck und Bindung: Oertel+Spörer Druck und Medien-GmbH+Co., Riederich

ISBN 978-3-88627-460-4

Ich zeig dir meine Stadt

Lernen und Tüfteln

Leseratten schmökern

Wasserspaß!